# 세월 밖으로

정명희 시집

문학공원 시선 142

# 세월 밖으로

정명희 시집

문학공원

# 세 번째 시집을 내며

해작질할 여유 없이 참 바쁘게 살아왔습니다.
그리 허덕이며 살 때는
시를 쓴다는 것을 생각할 수 없었기에
환갑이 넘어서야 시집 한 권을 낼 수 있었습니다
그 후 두 번째 시집을 내는 데는 오년이 걸렸는데
이제 세 번째 시집을 내는 데는 칠년이 걸렸으니
다시 제4집을 낼 수 있을지 미지수라는 생각이 들어
두 번째 시집을 내고 다음 호를 기대하던
그때의 마음이 그리워집니다
해야 할 일들이 적어졌음에도
글 쓰는데 집착할 수 없는 것은
언어의 빈궁을 탓할 일만도 아니건만
나이 들수록 이유 없이 초조해집니다
마음의 고요와 평정을 찾아
차분히 감정의 발로를 억누르지 않고
몇 년이 걸리든 살아 있는 동안
또 한 권의 시집을 상재할 수 있도록
마음 가다듬어 가고자 합니다.

정명희

Contents

## 1부 딱 이만큼의 사이

## 2부 수채화 속에서 나온 여자

## 3부 보는 봄

## 4부 그저 잠시만

## 5부 세월 밖으로



## 작품해설

# 1부

## 딱 이만큼의 사이

# 눈뜬 詩

詩 한 수가 가슴에 파고들더니 잠들어버렸다
그를 깨우고자 방긋이 웃고 피어나
늙은 기생처럼 떨어지는 목련의 사연과
두견새 애절한 내력을 들려줘도
빛 고운 단풍으로 간질이며
비발디의 사계를 새벽이슬처럼 고요히
때로는 천둥번개처럼 요란히 연주해도 막무가내다
일깨울 언어의 부재로 서러운 새벽
창밖 소복이 쌓인 눈 속에서 꿈틀거리는 그를 만났다
내 가슴에 잠들었다고 생각했던 그는
구만리 허공을 떠돌다 지쳐
새하얀 눈 이불 덮고 잠들었었나 보다
그를 만난 이 새벽 가슴이 뛴다
가장 멋진 언어로 가장 아름답게 환생시키고 싶은데

결국은 그를 실망시킬 수밖에 없어
다시 잠들어버릴까 두렵다

# 재생

호젓한 밤 당신을 부릅니다
제쳐둔 인생 휘저어 찾으려고
텅 빈방 역겨워 울먹이든 눈 외면하고
곧은길 곧게 가신 당신님을…
언젠가 폭풍 몰아치든 밤
돛 꺾인 작은 배에 실려 간
당신과 나의 삶을 찾고 싶습니다
해초 아름다운 동해가
마음만큼 맑아서 좋다 하시던 임
조약돌 조개껍질 주서 모아서
삶의 여가에 바둑 두며 살자 하시던
그날의 고운 꿈 빼앗긴 설움에
한밤을 뽀얗게 지새웁니다
해맑은 바다마음 파도에 시달린대도
행여 어제가 어떻더냐 묻거들랑
눈보라 속의 언덕에도 봄꿈이 있노라고,
폭풍이 지나고 나면 꽃은 다시 피어난다고
미소 지으며 말해 줄래요

* 1975년 8월 12일

# 다행이야

"아줌마들 이리오세요"
늙은이를 아줌마라 해주니 감사히 다가서자
"멀쩡한 분이 장애인표를 냈으니 벌금내세요"
비릿한 군산 사람이
인파에 밀리는 강남터미널 지하철 입구에서
교감 없는 기계 이곳저곳을 눌러보는데
순박한 청년이 다가와
자기 카드로 표를 뽑아주고 돈을 가져갔다
감사한 마음으로 도착했는데
역무원이 다가와 요금의 삼십 배에 해당한 벌금을 내란다
장애인 표를 살 수 있는 카드가 있는지
지갑까지 수색 당했으나
진실은 깡그리 무시당하고 공짜표 이용한 못된 사람이 되었다
울며 겨자 먹기로 벌금을 내고 나오니
삼십 배나 더 큰 배꼽으로 서울의 찬바람이 스며든다
옷깃을 여미며 두런거리는 말
'눈감으면 코 베가는 서울에서 눈감지 않았으니 다행이야'

'편리하고 안전한 시민들의 발…'이라는
지하철 입구의 문구가 낯설게 보인다

# 떨어진 꽃잎

터졌어요
햇살의 애무에 발그레 붉어진 가슴
터져버렸어요
겨우내 품어 키운 꿈
하나둘 바람 잡고 터지자
너도 나도 옷고름 풀고
작은 향낭조차 터뜨렸어요

지난 밤 무슨 일이 있었는지는 묻지 마세요
하얀 속살 드러내고
배시시 웃는걸 보면 아실 테지요
나르는 깃털 같은 삶이라
여우비도 두려운데
내 생의 밤엔 달빛도 없나 봐요

당신이 보아주세요
어차피 지고 말 생이라
당신 머리 위에 살포시 내려앉아
당신 가슴으로 여행하고 싶어요

# 하늘 가는 배

심야의 고요가 깃든 밤
청아한 가을 하늘에 조각배 띄워
은하계 저 멀리 임 찾아 떠난다
한 배 가득 그리움으로 연료를 채우고
포말 없는 푸른 하늘 위를 달린다
내가 맞을 채찍을 대신 맞고
나 위하여 목숨 버리신 임께서
처소 예비하고 같이 살자 하셨으니
그 피안의 항구에 다다르면 빙그레 웃음 짓고
팔 벌려 앉아주실 주님 향해 달린다

구만리 천성으로 달리는 길엔
달도 별도 보이지 않고
오직 뜨거운 가슴만 부풀어
길 없는 창공 위를 제어 없이 달린다

## 그날까지

곁눈질 하거나 해작질할 여유 없이 살았다
옆 사람 발등도 밟았음직하고
앞 사람 옷자락 잡고 한 발 더 나갔음직도 하다
숨 헐떡일 때마다 한 구비 지나면 옹달샘 있겠지
이 언덕 오르면 시원한 바람이 불거야
스스로 만든 신기루에 속으며 살았다
칠십 고개를 훌쩍 넘어서야 뒤돌아보니
휘청거렸던 자국마다 죄의 흔적 역력하고
올곧게 살겠다고 몸부림친 자국마다 피의 흔적 흥건하다
세월에 빼앗긴 힘을 추슬러
미움도 사랑의 한 형태라고 자위하던
거짓의 땟자국을 씻어버리고
사랑하는 임과 영합하고 싶은데
아직도 빛바랜 환상 한 줄기
새벽별 사라지기 전에 날 오라 손짓한다

허탈한 심령 어딘가에
끝이 날카로운 도깨비바늘 풀씨 하나 박혔는지
발걸음 옮길 때마다 따끔거려도
나는 가리라
임의 발자취 따라 굳건히 가리라
내님 품에 안겨 옷고름 푸는 그날까지

# 쥐

이런 어근버근한 계절엔
땅속 박차고 뛰어 오르고픈 개구리 뒷다리에도 쥐가 나고
당뇨 후유증으로 고생하는 남편의 다리에도 쥐가 난다
연이어 난무하는 선거공약에 귓구멍에도 쥐가 나고
여의도에서 풍기는 역한 냄새에 콧구멍에도 쥐가 난다
이 쥐들을 잡아줄 특효약은 없을까
이 쥐들을 잡아줄 슈퍼 고양이는 없을까
남편 다리에 쥐를 잡고자
야옹, 고양이 소리를 내며 다리를 주무른다
텔레비전에서는 지난 선거 때 뭉텅이 돈 드신 분들이
들어갈 쥐구멍을 찾지 못하셨는지
잊고 싶은 사연, 잊고 싶은 얼굴들이 시시때때로 보인다
생쥐 들락거리는 구멍 앞에 고양이를 두자
바늘구멍으로 황소바람 들어온다는데
쥐구멍으로 코끼리 바람 들어와 흔들릴까 두렵다

그래도 덫은 놓지 말았으면 좋겠다
속임수니까, 사람이 밟을 수도 있으니까

# 빈 방 찬 방

젊은이가 즐기는 PC방
백수가 기웃거리는 복권방
아줌마의 단골 찜질방
겜방 겟방 다방 노래방, 방방…

아래채 사랑방은 사라지고
장기판 훈수 두다 혼쭐나던 복덕방도 사라져 가는데
거리에 화려한 방들이 널브러져 있다

어떤 방으로 가야 하나
바람난 서방 찾는 여인이 이 방 저 방 기웃거리는데
노래방 틈새로 흘러나온 주정뱅이 고함이
노래인 듯 한인 듯 다가온다

안방 건넛방
울안의 방들은 비어가고
거리의 방들이 현란한 밤
아이들의 칭얼거리는 소리와
할머니의 자장가 소리가 들리는 방이 그립다
모깃불에 구워낸 감자와
어머니의 앞치마가 걸려있는 황토방이 그립다

# 씁쓸달콤

임들이 부여잡고 포즈 잡던 가지에
버찌가 까맣게 익어
한 알 따서 입에 넣고 톡 터뜨리니
가지마다 흰 꽃으로 화사하던 날
사랑하는 임들과 재잘거리든 달콤한 맛과
보릿고개 힘들던 그 어느 날
오디 따먹다 뽕나무에서 떨어져 죽은
파리한 계집아이 얼굴을 본 씁쓸한 맛이 한 입에 풍긴다

지붕 위의 풀 같은 거류자의 삶에
달콤함만 있으면 자지러지게 좋으련만
씁쓸함이 더 많은 나날
달다고 삼키고 쓰다고 뱉는다면 무엇이 남으랴
씁쓸함도 먹어두면 밥맛을 돋운다니
질펀하게 쓴 기억들일랑 쏟아버리고
씁쓸함 속의 달콤함을 곱씹으며 살아가리라

# 쉿, 비밀로

앞차 뒤 유리에 붙은
'초보운전' '왕초보'
'면허를 따긴 땄는데…'
'답답하시죠 저도 답답합니다 -왕 초보-
'걸치적거려서 죄송합니다 -왕 초보 올림-
'당신도 과거에는 초보였답니다'

화장실 문 안쪽에 붙은
'휴지는 반드시 휴지통에'
'휴지는 휴지통으로 쏘~옥 ^_^'
'아름다운 사람은 머문 자리도 아름답습니다'
'저는 당신과 식성이 같아서 종이는 먹지 못 합니다'-변기 올림-
'저를 소중히 다루어 주시면 제가 본 것들을
쉿- 비밀로 해드리겠습니다 ㅎㅎ' -변기올림-

삶속에 상용되는 갖가지 생활 글을 본다
표어형 해설형 명령형 애교형 등
같은 뜻이건만 표현에 따라 감정이 달라지는 글들…
누군들 소중히 다루어 주는데 수치를 들추랴
부끄러운 흉허물 많으니
한세월 모르는 척 덮고 살면
내 수치도 못 본 척 덮어주겠지

# 아리울 길

길 하나를 사이에 두고
우편은 물보라 튕기는 격랑의 바다고
좌편은 물비늘 반짝이는 고요한 호수다

언제부터였을까
누구로부터였을까
둘로 갈라지게 된 것이

하나 되어 살 때는
섬들을 감싸안고 어루만지며 살았는데
자동차 쌩쌩 달리는 육지가 되자
엉덩이만 내게로 돌린 채
문화의 필터를 빨아대는 섬들이 야속하다

우편에 그물내리면 흔들리며 멀미해도 큰 고기 오를까
좌편에 배 띄우면 소소한 잔재미 있을까
엇갈린 두 개의 리듬으로 갈망하는데
하늘 뿌옇게 내리는 함박눈은 한결같고
쭉 뻗은 바닷길은 곧기만 하다

아린 기억일랑 포말처럼 부수어버리고
마음눈 밝히며 유유히 가라고
갈매기 끼룩끼룩 노래하며 날아간다

# 낡은 의자이고 싶다

번쩍 번쩍 빛나는 새 의자이기 보다는
누구나 털썩 주저앉아 쉬어도 좋을
정감 그윽한 낡은 의자이고 싶다

삶에 지쳐 힘 잃은 사람 푸념 들어주고
거나하게 취한사람도
비스듬히 기대앉아 쉴 수 있는 그런 의자이고 싶다

세월에 부대껴 등받이가 낡았거나
힘센 사람이 앉을 땐 조금쯤 삐걱거려도
찾는 이에게 휴식을 줄 수 있는 그런 의자이고 싶다

찾는 사람 없는 밤이면 달빛을 앉히고
달도 없는 밤엔 별빛이 내려와 앉고
별마저 없을 땐 고요가 앉아 쉬는 그런 의자이고 싶다

가을 깊어지면 낙엽 몇 잎 앉아서 도란거리고
엄동설한엔 먼 허공 돌고 돌아와 지친 몸 쉬고 싶은
눈송이를 소담스레 앉혀도 좋을 그런 낡은 의자이고 싶다

# 초인종을 눌러라

세속으로 나가는 아가야 겁내지 말거라
보이는 것 추할 때는 눈을 감고
들리는 것 거슬릴 때는 콧노래를 부르렴

바쁘다고 뛰지는 말거라
천방지축 날뛰다가 개똥 밟을라

충직과 충성의 경계선은 몰라도 되느니
질곡의 세월 지나고 보니 배운 것만 남더라

날개가 없다고 날지 못하랴
마음만 비우면 띄워주는 이 있으리니

뜰 앞의 목련화를 보아라,
지난가을 다 벗어버리더니
봄의 애무에 배시시 입 열고 향기를 토하는구나

상사도 처음엔 새내기였느니
어렵고 힘들 때도 기죽지 말고
한 손을 높이 들고 남은 한 손으로 초인종을 눌러라
힘차게, 열릴 때까지

# 빈집

강물도 구비 도는 언덕 위에
옛 정취 고즈넉한 기와집 한 채
지배본능 휘두르며 애욕을 탐닉하느라
눈동자 쉴 새 없이 구르던 사람 살았지
세월이 흘러 정원에 심은 홍도는 붉은데
그의 머리는 할미꽃 씨방처럼 빛이 바래더니
호주머니 속 호두 같던 여자들 떠나고
병든 몸 모로 누워 대문만 바라보고 있었지
소식 듣고 내려온 아들 따라
조강지처에게 돌아가는 길
굽이굽이 미움 꽃 만발하여
아무도 반겨주는 사람 없었다고 했지
사랑도 미움도 한때라는 듯
텅 빈집 처마 밑의 제비조차 떠나고
강바람 산바람이 해작질한 곳으로
가물가물 피어오르는 옛 그림자들만
저녁연기처럼 시야를 가린다

# 노파의 꿈

산 좋고 물 좋은 장수고을
남으로 탁 트인 언덕위에 유리 집을 지어
햇살 드는 곳곳마다 예쁜 다육이 키우며
개울 물 한 줄기 끌어다 물레방아 돌리며 살고 싶다

밤이면 별들이 쏟아져 들어와 소싯적 꿈들이 꿈틀거리고
과거 그 어느 지점에서 날아온 화살 하나
가슴에 박혀도 울지 않으리

소쩍새 우는 봄이면
압곡봉 예쁜 진달래로 분홍 커튼 두르고
비바람 몰아치는 날은
유리벽 흘러내리는 빗물에
얄궂은 흔적들을 씻어버리리라

으악새 흰머리 빠지는 가을이 오면
투명 벽에 고운 낙엽들을 붙이고
동지섣달 긴긴밤 눈보라치면
쏟아지는 흰 눈 속에 나를 묻고
행여 찾아오실 임이 있을까
따끈한 커피와 쌍화차
그리고 심성 고운 시 한 수를 준비하리라

늙은이 삶이야 보여서 안 될 것 있으랴
내 고향언덕 남으로 탁 트인 유리집에서
가슴속에 품은 봄씨 다독이며
바람인 듯 이슬인 듯 그렇게 살고 싶다

## 포배기하는 황혼

나의 하루 속에는 태양과 빗줄기가 공존하고 있다
하늘 향해 부르짖을 때는 해가 반짝
눈 뜬 현실 속에는 빗물이 줄줄

나의 하루 속에는 늑대와 어린양이 공생하고 있다
잡아먹을 듯한 으르렁거림에도
배시시 웃는 순한 눈동자

나의 하루 속에는 이슬에 별들과 부서지는 포말이 살고 있다
부서지고 깨어져도
어른어른 다시 실체 없는 그림자의 유희

나의 하루 속에는 황혼과 새아침이 공존하고 있다
아픔조차 느끼지 못한 채 문드러져 버리는 시간들 속에
노을 붉은 석양으로 여운 남고픈
마음 한 줄기 꿈틀거리고
포배기하는 두꺼비씨름으로 바람만 스산하다

# 육화 옆에서

십년 전 해당화 곱게 핀 바닷가
사립문과 키 재기하는 육화의 위용에 반해
주인장께 사정하여 새끼 한 포기 얻어왔다

날카로운 잎에 찔려 피를 닦으면서도
꽃 볼 날을 기대하며 심은 사람
그 사람 떠난 후에야 꽃대를 올리는 구나

떠난 사람은 다시 오지 않는데 계절은 어김없이 다시 오고
한 계절 더해 갈 때마다 너의 위용은 더해 가는데
네 이주 사연을 아는 나마저도 이제 시들어간다

바위틈 사이에도 생명은 꽃을 피우고
무심코 밟고 가는 길에도 꽃은 있는데
가슴에 피는 멍든 꽃을 지울 지우개가 없구나

# 딱 이만큼의 사이

그대와 나 사이는 가깝고도 먼 거리
맘먹고 가면 볼 수 있고
숫자 몇 개 누르면 음성들을 수 있건만
가슴에만 가두어 키우는 그리움
그대와 나 사이에는 보이지 않는 블랙홀이 있어
그대가 내게 오거나 내가 그대에게 간다면
혹여 빠질까봐 항상 제자리
이렇게 봄비 토닥이는 밤
벚꽃 우수수 떨어지는 창밖을 보며
가슴으로 부르는 이름
입 밖으로 샐세라 입술 지그시 깨물지
평생 애틋함 없이 순수 그 자체로
그저 문뜩문뜩 떠올라 가슴 설레게 하는
고향 같은 삭은 그리움

그대와 나 사이는
분제처럼 절제하여 키우는 그리움의 요람
동경으로만 아름다운 딱 이만큼의 사이

# 이랬으면

창이 어둡다
새아침에 문을 열어도 침침하다
자식처럼 키운 꽃들이 망울을 터뜨려도
꽃술이 몇 개인지 분간하기 어렵다
한평생 헛 두레박질만하여 퍼 올린 것 없는데
몸뚱이는 왜 이리 무거운고

뉘엿뉘엿 지는 해가 아쉬워서
셔터를 눌렀다

낡은 기왓장을 따라 흘러내린 해가
파문 없는 호수로 들어가 둘이 되니
집도 나무도 둘이 되어 따라 간다

내영 혼도 영과 육이 위 아래로 나뉘어 둘이 될 때
이 황혼처럼 아름다운 여운 남기며
시공간 초월된 곳으로 훨훨 날아가고 싶다

내 인생 파장도 이랬으면 좋겠다

# 설심

왜 이리 말이 많으세요
아이들과 강아지는
나를 머리에 하얗게 쓰고 좋다고 뛰고
연인들은 사색에 잠겨 눈물 글썽이는데
오가는 행인들은 투덜투덜
자동차는 나를 짓밟고 달리면서 춤을 추네요

아, 깨끗해 온 세상이 설국이네
볼 붉은 소녀의 환호에
녹아봐라 얼마나 질펵하고 더러운지
겉 희고 속 검은 것이 눈이여
빗자루 고추 세워 쓸어대는 할머니의 말

어이 날더러 겉 희고 속 검다 하시나요
새하얀 마음 정갈한 심정으로 살포시 왔는데
세상이 온통 구정물이라
세속에 녹아지니 나도 구정물이 되는 것을…

# 꽃비

꽃잎들이 차창에 부딪혀 파르르 떨다가 떨어져간다
어떤 것은 와이퍼에 끼어 흐느끼고
어떤 것은 발에 밟히고
또 어떤 것들은 차도를 굴러다니다가 망가진다
브레이크를 지그시 밟으며 차창 밖으로 손을 내밀자
창백한 얼굴로 내려와 앉는다
반짝 며칠간의 삶이 애석하여 그윽한 눈빛을 보내자
그래도 날 우러러보는 이 많았고
예쁘다고 칭찬 받으며 살았노라며 날아간다

꽃눈 속을 달리며 생각한다
칠십여 년을 산 나는 칭찬 받는 삶이었는가
내 삶을 우러러 본이 있었던가
누군가의 카메라에 내 삶이 담겼다면
나도 떠날 때 저 꽃잎들처럼
춤추듯 가볍게 갈 수 있도록
하나 둘 무거운 것들을 버려야겠다

# 프로크루스테스[1]의 침대

바람도 없는 밤에
소리도 없이 만상을 덮고 또 덮는 새하얀 꽃잎
그 속에 고향이 있고 유년의 추억이 있어
내 마음 호젓한 논둑길을 가는데
눈앞의 도로에는
경적을 울리며 겁주던 트럭들이 슬슬 기고
요리조리 묘기하듯 질주하던 오토바이도
기가 죽어 굴복되었다
손을 뻗어 받아보면 스르르 녹아
형체 없이 사라져 버리는 나약한 존재인데…

약육강식이 난무하는 세상
그러나 제 아무리 큰 육체도 보이지 않는 세균에게 먹히는 법
낮고 낮은 곳으로 흐르다가 작고 작아져 오르더니
커지자 다시 떨어지는 무리들을 보며
내 삶에 프로크루스 테스의 침대를 치우고
크면 휜칠해서 좋고 작으면 아담해서 좋겠거니
나도 더 작아져야겠다

---

1) 프로크루스테스 : 그리스 신화에 나오는 바다의 신 포세이돈의 아들로 바닷가 넓은 영지를 소유하고 살면서 그 지역을 지나가는 사람들을 잡아다가 자기 침대에 뉘어 크면 크다고 잘라 죽이고 작으면 작다고 늘여서 죽였다고 함

# 빈병들의 하소연

갈매기도 없는 망망한 바다 위에 노을빛은 곱기만 한데
제주행 씨스타 크루즈호 갑판은 난장판이다
초점 잃은 눈동자와 대화 없는 고성들 사이에서
널브러진 술병들의 말을 들었다
세상이 고해(苦海)라서 흔들리지 않을 수 없다는 사람들이
속내 다 빼먹고 던져버렸노라는

바람이 분다
거대한 크루즈호는 흔들리지 않으나
빈 술병들은 물비늘 하얗게 일어나는 바다에 빠져
허우적거리다 사라진다

왁자지껄한 무리들 발아래서
가뭇없이 사라진 것들이
어디 빈병들뿐이겠는가

방종한 자유보다
역행의 위로보다
사라진 것들을 잃어버리게 하는
망각의 샘이 말라 버렸으면 싶다

# 수(繡)

찜통 같은 무더위 견디다 못해
장롱지기 모시옷을 꺼내서
조물조물 풀 먹여 널었다가
다시 접어 밟으니
여름이 밟히고 더위가 밟힌다
세월 뒤로 숨어버린 기억을 찾아
돋보기 고쳐 쓰고 바늘을 들었다

잠자리 날개 같은 모시적삼 동정 아래
잃어버린 별인 듯, 꽃인 듯 수를 놓고 보니
모두 붉은 노을빛이다

밖은 온통 초록이 무리지어 춤을 추는데
나의 초록은 어디로 갔을까

바늘을 놓고 우두커니 창가에 앉아
마음 갈피에 연초록 난을 치고
오색 꽃들을 수놓아 누빈다
별이 뜰 때까지

# 구름

해님과 마주했을 때 뭉게구름이라고
연인들 입술에 머무는 노래였고
소녀들 가슴 설레게 하며 피어나는
푸른 하늘의 환상이었는데
살랑대는 동풍에 밀려 해님 가리우자
웨딩드레스보다 뽀얗던 순백이 사라지고
'먹장'이라는 질타로 상흔 안고 떠돈다

칠흑 같은 어둠도 아닌데
내 뒤에 농익은 빛있음을 어이 모르고
내 그늘 아래 쉼터 있음을 어이 모르는고

호젓이 되살아나는 지난날의 찬사와
아픔으로 다가오는 질책을 모두 녹여
뇌성과 광음의 쏘나타로 쏟아내고
어느 산골, 가재 등 간질이는 도랑물 되어 흐르다가
산골아낙 빨래 씻어주고
패랭이꽃 줄기 불끈 세우는 힘이 돼도 좋으리
작은 논배미 벼이삭 영그는 근원돼도 좋으리

# 고로쇠나무

험산준령 자락에서 태어나
벌거벗은 채로 설한풍 이겨내고
봄볕과 인사 나눌 겨를 없이
채 녹지 못한 얼음물 열심히 빨았습니다
행여 자귀 새 오는 날 내 가지 가난할까
움츠렸던 몸 솟구치며 안간힘을 쓰는데
어느 날 내 몸에 상채기 내더니
링거 줄을 여기 저기 꽂아주었습니다

'아, 이제 새 힘이 나겠구나'하고 기대했건만
스멀스멀 내 골수는 빠져나가고
앙상한 가지 끝을 스치는 꽃샘추위만 매섭습니다
바람결에 어렴풋이
오징어와 같이 먹어야 많이 먹는다는 말과
소금을 많이 먹어야 더 많이 먹을 수 있다고
열변을 토하는 소리들이 들려와 더욱 아려옵니다

산수유는 노랗게 꽃을 피우고
매화는 봄을 노래하며 벌나비 부르는데
골다공증에 걸린 나는 이 봄도
웅담 뽑히는 곰처럼
링거 줄을 매단 채 골수만 기증하고 있습니다

# 눈

밤사이에
먼 창공 돌고 돌아온 고단한 삶들이
온 대지 위에 소복이 쌓여있다

무릉도원에 꽃피던 날은
송사리 떼 키우며 투명하게 살았건만
넓은 세상 꿈꾸며 날아올라
피어나는 꽃구름이라 찬사도 받았겠지

세상구경하며 떠돌다 분열되어
서릿발 세우고 살았음인지
꽁꽁 얼면서도 미모 잃지 않고 살아온
올곧은 삶 내려놓고 스르르 잠들어있다

바람아 깨우지 말아다오
따스한 태양 솟아오르면
보석보다 아름다운 저 모습 그대로
고단했던 개체의 삶 녹여버리고
대지 속에 살며시 스며들어
새 생명 키워낼 근원으로 돌아갈 수 있도록

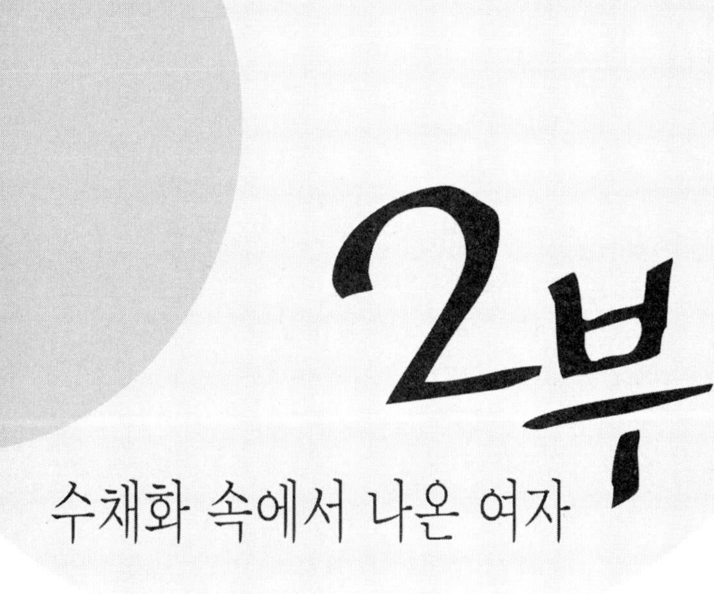

# 2부

## 수채화 속에서 나온 여자

# 여자

내 소망의 기도가 거울 속에 반영될 때
나는 황홀한 꿈에 잠긴 지상의 천사
어제를 살고 간 여인의 염원이
오늘을 살아가는 이브의 후예가
하나 같이 아름다움을 추구했는데

곱게 다듬는 핑크빛 꿈속에
비너스의 신비가 맴돌아
큐피드의 화살은 머물고
벙긋 그이 얼굴에 미소가 감실대면
내 가슴은 뜀박질한 소녀처럼 두근두근
빛나는 그의 눈이 내 얼굴을 더듬으면
복사꽃 빛 두 뺨은 붉어만 지고
눈을 감아도 보이는 얼굴
눈을 흘겨도 가까이 다가오는 얼굴
웃음 진 얼굴에 여드름 하나
다듬는 가슴에 여무는 사랑

– 1973년 2월 19일 울산 방어진에서.

# 꿈길

봄이 오는 길목에 가시려거든
옷깃일랑 여미고 가시옵소서
살랑대는 봄바람 들면
떠난 임 계시는 곳 찾아 헤매다
가슴에 구멍하나 휑하게 뚫려
백약이 무효할까 두렵습니다

순풍 이는 언덕에 가시려거든
슬픔일랑 비우고 가시옵소서
지난날 불던 바람들일랑
북녘하늘 저 멀리 날려버리고
곱디고운 꽃씨만 심고오소서

땅속에 묻혀 꿈틀거려도
비상할 애벌레 푸른 꿈을 보고 오소서

# 당신을 맞으며

아무런 보람 없이 한 해가 떠났고
그 꼬리에 물려 또 한 해가 찾아왔어요
손때 묻은 당신의 선배를 보내고
당신을 맞이할 소녀는
움츠린 어깨를 펴고 활짝 가슴을 열어 보았어요
벙어리 가슴에 새겨진 눈물겨운 미련들은
멀리 영 너머로 보내 버리고
이젠 오직 당신과 나,
삶의 진가가 진실에 있고
삶의 보람이 근면에서 온다면
낯선 당신을 맞이하는 소녀는
텅 빈 가슴으로 당신을 맞아
당신에게 옮겨질 사연들을
하나 둘, 길이 남을 보람으로 그리겠노라 다짐하며
백지의 당신을 맞으렵니다

- 1966년 12월 31일 자정에.

# 단비

임께서 물 한 모금 뿌려주시니
풀이 웃습니다
꽃이 웃습니다
땅이 갈라져 찢어졌던 뿌리도 만나고
산천초목에 온통 웃음소리 가득합니다

토닥토닥 내리는 빗소리 생명의 팡파르가 되어
검불인줄 알았던 풀잎들 더덩실 춤사위 펄럭이고
날개 접은 잠자리 눈빛마저 영롱합니다

여기 사랑이 말라 푸석푸석 꿈마저 잃어버린
영혼들에게도 단비가 필요합니다

미로 같은 인생길 허덕이며
털어내지 못하고 씻지 못하여 무거운 짐들
눈물보다 진한 사랑비로 씻어주시옵소서

임의 자녀들 소성하는 그날
천군천사 나팔소리 흥겹고
삼라만상에 웃음꽃 가득피어
임께서도 두 팔 벌리고
활짝 웃으실 그날 이를 수 있도록

# 밤새

낙엽의 우수와 애상이 그윽한 밤
잠은 천리 밖으로 떠나고
가슴에 새 한 마리 솟아
만경창파에 뜬 일엽편주에 앉는다

무인도에 둥지 틀고 살자던 임과
물결 잔잔하면 노래하고
물결 출렁이면 춤추며
한밤을 지새우고 새벽닭 울기 전에 돌아가야지

동녘하늘 밝아지면
잿빛 못난 날개 부끄러워
울음소리마저 내지 못할까
밤이슬에 젖은 날개 파닥인다

밤은 내일도 또 오고
나는 또
한 마리의 새가 되어
어느 하늘을 떠돌까

# 벚님아!

마지막 잎새마저 보내고
맨살로 설한풍 맞던 가지 끝에
발그레 돋는 생명의 빛깔

봄처녀 여드름 화농하여 터지면
화려한 드레스자락 펼쳐져
잠든 영혼 깨우고
노인의 가슴도 흔들어대겠지

그날이 오면
살아있는 것들의 축제가 열려
달님도 너와 유희하고
앳된 벌 나비 가슴 설렐 텐데,

비바람이라도 몰아치면
속아지 급한 너 떠나도 서럽지 않도록
황홀한 네 자태 간직하려고
먼지 낀 렌즈를 열심히 닦는다

# 악취는 노

비릿한 젖 냄새 풍기며 방긋거리는
손자를 품에 안고 사랑을 고백하니
가슴 뿌듯한 생명의 향이 스민다

어미 팔 아플세라
듬직한 팔로 자식을 앓아다가 손바닥에 세워
홀로 서기를 연습시키며
잘 한다고 박수치는 아들내외에게서
아름다운 삶의 향이 풍긴다

그 모습을 지켜보던 남편 왈,
"내가 엊그제 지 애비를 저랬는데,"
세월무상을 한스러워 함인지
대를 이었다는 안도감인지 모를 한 마디에서
삶의 끝자락에 밴 고독한 냄새가 풍긴다

나에게선 어떤 냄새가 날까
에스프레소 같은 매혹적인 향기나
상큼한 레몬 같은 향기는 없어도
늙은이의 추한 욕심과 아집에 찬
악취는 풍기지 않았으면 좋으련만,

한가지 더 바란다면
반평생 닮고 싶어 몸부림쳐온
내 사랑하는 임의 향이 내게 있어
관용과 포용의 품에서 나는
사랑의 향기를 풍길 수 있었으면

# 사랑의 아픔

빨갛게 타는 불꽃이
젊은 날 당신의 사랑이었고
희뿌연 연기와 재의 입자가 당신 과거의 잔상이라면
당신의 과거를 불태운 두 손 위에
뜨겁게 떨어지는 굵은 눈물은
고운 꿈 가셔진 아픔의 소산입니다

몰라야했던 당신의 어제가
덮여야 했던 검은 자욱이
감겨야 했던 시야에 펼쳐져
매서운 회오리바람 몰아치고 혼마저 흔들립니다

어지러운 방황의 몸부림으로
저주의 빛이 역력한 가슴에 치솟는 분노가
나를 혼미하게 할 때
한 가닥 십자가 불빛이 다가와
더운 이슬을 거두었습니다

먼 듯 가까운 십자가
그곳에서 들리는 은은한 그러나 확실한 한마디
'지고지순한 아낙이 되어라'

어둠 속에 허덕였던 당신

유다의 혀 속에 말렸던 나
빛을 향하여
오직 빛을 향하여 나가며
심연에 솟는 이 간절한 기원을
주여 받으시고 이끌어주시옵소서

- 1973년 3월 23일 신혼시절 남편의 과거를 알고

# 이별

괴로운 빛이 역역한 당신을  보내고
밀어서 밀어서 보낸 가슴에
당신이 품어낸 한숨이 밀려와 작은 심장이 흐느낍니다
사랑이 식어서도 아니고 미움이 움튼 것도 아니건만
당신은 작은 역겨움으로 나를 멍들게 했고
끝내 당신을 멀리하는 모진 여자를 만드셨습니다
당신은 밤마다 슬픔을 수감한 아스라한 눈으로
멍든 마음을 풀려 하시나
몸부림에 피 마르는 괴로운 순간마다
당신의 손길은 무섭게 아프게 파노라마되어
두 눈 마주 할 마음이 멉니다

이제 저녁노을 저버린 늦가을 벌판처럼
황당한 생활 속에서도 꿈을 가꾸던
그날의 여자는 떠나렵니다

귀를 막아도 들리는 당신의 소리를 털어버리고
눈을 감아도 보이는 당신을 돌이질 하며
그렇게 돌아서서 달려가렵니다

\- 1973년 3월 28일

# 기다림

때 아닌 겨울비가 내리는 밤
깜박이는 호롱불아래 설레임이 서린다

일곱 빛 쌍무지개 뜨는 가슴엔
초조한 기다림이 막연히 솟고
복숭아빛 예리한 뺨엔
몰래 간직한 그리움으로
신경초 수줍음이 감돌고 있다

누구일까
이 밤에 기쁨으로 맞을 사람은,
그저 행여, 행여 로 솔깃해진 두 귓가엔
스산한 바람소리 낙수 물소리

그래도 행여 로 살며시 여는
허술한 창가에 찬비만 스친다

- 1964년 12월 6일. 고 2시절

# 너를 보내며

함초롬히 이슬 맞으며 거닐던 오솔길
'영원히'라던 네 말이 기억난다

밀림속의 작은 풀포기처럼 가녀린 가슴에
아직도 너의 형상이 잔존하는 것은
너무 아픈 기억이야

꿰뚫지 못할 네 마음을 파헤치려든
어리석은 생각은 버릴 거야

이제 아무런 아쉬움 없이 보내줄게
너의 세계로 달려가

잡지 못하는 마음 행여 생각나거든
"안녕"이라는 말 한마디 해줄래
그럼 아름답게 기억할게

– 1964년 12월 19일 고교 시절

# 망각지대

심심한 산골
아가의 눈동자처럼 맑은 물에 발 담그고
속세의 번거로움을 씻는다

때뚝꽃, 망울망울 아늑한 계곡 아래
은은히 풍기는 매혹의 향기

젊은 숲의 품 안에서
싱그러움을 심호흡할 때
인적 없이 찾아와 불어대는 휘파람소리

화들짝 놀라 두리번거리는데
미루나무 가지를 떠나가며 다시 휘익…
이면으로 해 낙낙 통하던 양
건너편 나뭇가지에서 맞장구친다

꿈처럼 아름다운 이 속에
작은 몸담아 살고픈 마음

파드락, 산새 되어 휘파람불며 살았으면
수줍은 풀꽃 되어 향기 품고 살았으면

- 1965년 7월 3일. 장수 도무지골에서

## 성황당길

휘휘한 모퉁이 돌아
꼬옥 손잡고 소요한 성황당길

황혼에 진 낙엽처럼 사라진
너와 나의 우정이라 했건만
말없이 잡은 손
따뜻해진 가슴들

달은 나른한 물결을
금빛 수은 빛으로 수놓아 누비고
통나무 징검다리엔 나란한 그림자

잔물결 따라 흐르는
주홍빛 낙엽 위에 실어 띄우는
너와 나의 목청 높인 노래 소리

다북솔밭 건너편 부엉이 울면
성황당 전설도 하나 둘
너와 나의 가슴에도 별이 뜬다

- 1964년 11월 10일

# 푸른 꿈

이른 봄
새 촉을 올리며 봄을 재촉하는 난을 가꾸다가
시들시들 죽어가는 화분 하나
창밖으로 밀어내버렸다
동분서주 뛰어 다니다가도
날마다 눈인사 나누며 사랑을 고백했었는데
십년 세월의 정을 깡그리 잊어버린 채
장마가 온다는 예보를 듣고
창 안 밖을 정리하려고 문을 열자
잊었던 십년지기가 꽃대를 쭉 올린 채 살랑거린다

아, 향긋한 이 난향이 너였구나
가슴 시리게 다가오는 청초한 모습이
일상의 잔잔함에 돌 하나 던진다
그래, 시들고 주름진 생도 생은 생이야
꽃은 피우지 못해도 향기는 풍길 수 있어
작열하는 태양보다 노을이 더 붉고 곱지 않은가

죽은 소나무의 꿈은
향긋한 송이로 다시 사는 것
노파의 푸른 꿈이 영글어간다

# 삶의 무게

여성금지 구역에서 나를 부른다
사십 년 연륜으로만 들을 수 있는 언어로
세월에 꺾여 휘청거리는 다리 세우고 다가가자
계면쩍은 웃음으로 뒤처리 부탁하는 눈빛을 보낸다

가진 것은 없어도 매양 당당하고
나약한 듯 보여도 강했던 사람
전능자에게 마누라를 빼앗기고
새벽의 침묵을 한숨으로 깨우면서도
두 유방을 모두 도려낸 고통의 병실에서는
상실감에 헤매든 날 위하여 자기를 버렸던 사람

링거 줄 타고 들어가던 수액의 역행이
휠체어에 앉은 그의 눈살을 찌푸리게 하건만
무쇠처럼 단단했던 작은 체구는 이미 힘을 잃어
그 어떤 불만도 어눌한 중얼거림일 뿐이

언제부터 무너지기 시작했을까
지붕에 흰 풀 나며
주춧돌 위의 기둥 야위어갈 때 알았어야했다

마광된 칼날로도 도려낼 수 없는 통증

석 달 열흘 끓인 곰탕으로도 채울 수 없는 빈 뼈
움직이는 미라가 되어가는 그의 육체에서
버거운 삶의 무게가 느껴진다

병실 창밖엔
가을태운 고추잠자리 훨훨 잘도 날아다니는데
구름 사이로 희미한 낮달이
남편 얼굴을 태운 채 힘없이 밀려간다

## 지하철에서

휴대폰에 매료되어 좌우를 모르는 젊은이
멥새처럼 쫑알대는 학생들
이어폰을 귀에 꽂고 발끝만 끄덕이는 청년
불그레 달아오른 얼굴로 비틀거리는 사람
석연찮은 얼굴로 서류가방 뒤적이는 사람
자는 척 눈 감은 채 곁에 있는 아가씨 쪽으로 기울이는 사람
이곳저곳 휘둘러 눈치 보며 빈자리 찾는 사람
늙수레한 모습으로 경로석에 앉아 노익장을 과시하는 사람
하루가 저문 지하철 안에는 다양한 삶들이 널브러져있다

후줄그레한 바짓가랑이 헤벌린 채 잠든 저 사람은
어느 역에서 내려야 할까
오늘 하루가 얼마나 고단했으면 저토록 깊은 잠에 빠졌을까

혼곤히 잠든 고단한 삶 엿보다가 내가 내려야할 역은 지나쳐 버리고 수십 개의 계단을 오르락내리락하며 열차를 바꾸어 타야했던 그 밤은 넝마가 되어 남의 삶 뒤적이다가 내 삶을 구긴 밤이었다

## 깊이 잠들라

메뚜기 뒷다리 파르르 떨리는 황혼
낡은 벤치 위에 노란 가을이 누워있다
늘 푸름만 고집하며 매달려 살아온
고단한 삶 내려놓고
노루꼬리만 한 시월 햇살 아래 혼곤히 잠들어 있다

누군들 쉬고 싶지 않으랴
소소히 저물어가는 몸 이끌고 찾아온 벤치에
먼저와 잠든 너 깨울까봐
살며시 엉덩이만 붙이고 앉아
소슬바람 심술로부터 너를 지킨다

너 떠나고 나면
앞 뒷산 고운 옷들 벗겨지고
황금빛 들녘도 황낭해질 텐데
홀로 남은 허수아비는
깎여나가는 세월 속 어디쯤에서
머리 벗겨지고 팔 하나쯤 떨어지겠지

저 들녘에 찬바람 불고
눈발 하얗게 내리는 날이 오면
새하얀 드레스에 흰머리 펄럭이며
나는야 널 찾아 꿈길을 헤매리

# 연가

그날 난
임의 밀어를 깨우칠 수 없었습니다
임의 진한 사랑을 헤아리기에 내 가슴이 너무 좁아
물에 젖은 솜처럼 뜨거운 눈물만 그윽했었습니다

이제 임의 뜻을 어렴풋이 알 것 같은데
정작 내 가슴은 식어서 그날의 흔적만을 더듬으며
농축된 그리움으로 목이 멥니다

보름달 휘영청 밝던 밤
꺼져가는 한 영혼을 향한 임의 사랑 도리질 못하고
호젓함 달래고저 찬양하며 걷던 그 오솔길엔
산토끼 발자국만 흰 눈 위에 자박자박 하겠지요
그날 밤 생의 마지막 숨을 헐떡이며
육체를 벗어나던 영혼의 영안을 열어
임의 품에 이르게 하신 그 사랑이 사무칩니다

내 삶의 굴레를 벗어나
임과 함께했던 그곳으로만 달리는 마음
이제는 알 듯 한 임의 밀어에 귀 기울이며
그 오솔길을 임과 함께 걷고 싶은데
달 없는 하늘에 여울져 흐르는 별빛만 차갑습니다

저 유성 흐르는 곳에 내임계시면 내 마음 아실까
나 임안에 임 내안에 살아계셔도 늘 그리워
기다림에 지친마음 어두워질까
내 마음 창가에 꽃등하나 걸어놓고
임 오실 길목에는 비단 한필 주르르 깔아놓고
주야로 그 위에 그리움 새깁니다

# 사랑주유소

주유소에 들렀다
석유 경유 휘발유 난방유
그리고 조금 떨어진 곳에 가스충전소도 있다

나도 이런 주유소 하나 갖고 싶다
절망으로 멈추려는 차에 소망의 기름을
불만으로 투덜대는 차에 감사의 기름을
과속으로 달리려는 차에 절제의 기름을
미움으로 덜컥대는 차에 사랑의 기름을
의심으로 헤매는 차량엔 믿음의 기름을 부어줄 수 있는
그런 주유소 하나 갖고 싶다

주유구를 열어주는 차마다
"얼마 값이요" 묻지 않고
가득가득 채워줄 수 있는
사랑주유소 하나 사고 싶다

필요한 양만큼 마음껏 채워갈 수 있는
셀프주유소도 좋으리

# 굳은살

장지옆 벽에 흠집이 생겼다
까칠까칠하여 손톱으로 깔짝거리니
굳은살이 떨어져 나온다

침침한 호롱불 밑에서
콧속이 까맣도록 펜을 잡고
스쳐가는 소소한 이야기들과
동공가득 메우던 눈물의 사연들을
새하얀 종이 위에 남기느라
눌려 생긴 굳은살인데
디지털시대에 밀려 편지 한 장 쓰지 않자
더 이상 존재불가라며 떠나버린다

개화의 바람이 한반도를 휩쓸던 반세기 전
펜팔이라는 이름으로 맺어진 인연들
베트남의 전쟁터로 전국으로 보냈던
그 많은 사연들이 손가락 사이로 빠져나간 듯하다

오늘은 손으로 쓴 편지를 받아
가슴 설레며 뜯어보고 싶다
보낼 곳 없는 편지에 마음을 담아
밤새도록 쓰고 또 쓰고 싶다

# 모야!

정월이라 대보름 윷놀이 판에
활짝 핀 웃음꽃 월담을 한다
복날도 아닌데 개를 잡아대고
잔칫날도 아닌데 돼지를 잡더니
말 한 마리 엎드려 양을 불러서
평안히 가운데 방에 앉은 녀석이
코앞에 석동사니를 날름대다가
뒤뚱거리는 돼지 뒷발에 걸려 낙동강 오리알 됐다
옳거니 두 놈이나 업었으니
무거워서 못가겠다 뒷걸음질했는데 대박이라
박장대소하며 승리의 쾌거를 부르는데
다시 모 걸로 잡혀 와르르 도루묵 되었다

한 뼘 남짓 종이 한 장의 전쟁터에
허허 그것 참, 요것 봐라, 등
웃음과 해학의 묘미와 세상만사가 뛴다

# 春愛

그가 붓을 들었다
갈색 바탕에 흰 점 찍어 벚꽃 능금꽃 그리더니
녹색물감 연하게 풀어온 천하에 뿌렸다
그가 오면 가장 먼저 웃음주려 했는데
그는 푸르름과 연애에 빠져
날마다 그 빛 짙어만 간다

사모하는 마음으로 맺은 꽃망울
녹색으로 포장한 넝쿨장미는
돋는 가시 안으로 숨긴 채 외줄타고 오르는데
그의 붓이 스치고 지나간
벼랑 끝 바위틈에 핀 산 앵두꽃잎 하나
파르르 떨며 나락으로 진다

그는 이제 무슨 물감을 쓸까
청 보리논엔 노랑물감을
사과나무엔 붉은색을 쓰면
사랑도 울긋불긋 익어가겠지

내 얼굴 한번 어루만짐 없이 스쳐간 그지만
그를 사랑한건 후회하지 않으련다
나는 그를 사랑할 수밖에 없었으니까

# 마음 눈 밝히고

사랑하는 이여!
육체 벗어나면
아픔과 고통 없는 자유와 영생인데
무엇이 아쉬워
삶의 끈 부여잡고 신음하십니까

생명이 보내신 이의 소관이기에
쉽게 말할 수는 없지만
수십 년을 더 산다 해도 이생의 삶이란
영원의 한 경점에 불과한 것

잠시 육체라는 훈련소에 머물 동안
이정표 없는 인생길 지나면서
주인의 뜻에 영합하지 못했던 일들일랑
회개의 눈물로 씻어버리고
깃털처럼 가볍게 가실 수는 없으시나요

임께서 가시고 나면
앉으셨던 자리에 서성대는
실체 없는 환영으로 가슴 아플지라도
시간을 천연 할 수 없을진대
고통과 신음의 육체 밖으로

찬송하며 가실 수 있으시기를
마음 눈 밝히고 기도 하나이다

주님이시여!
인지기능 마저도 상실된 육체가 짐이 된
불쌍한 육체 속에서
소중한 당신의 영혼을 거두어주시옵소서
긍휼과 자비를 베풀어 주시옵소서

# 브레이크를 밟을 때

때로는 가든 길을 멈추고
걸어온 자국이 올바른지
뒤돌아보아야 할 때가 있더이다
때로는 말을 멈추고
말의 열매가 어떻게 되돌아올지
생각해야할 때가 있더이다
때로는 하 든 일을 멈추고
내손 거쳐 된 일들이 유익했는지
살펴야 할 때가 있더이다
때로는 시선을 멈추고
보암직한 것들만 보고 살지 않았는지
둘러보아야 할 때가 있더이다
때로는 상념을 멈추고
소망하는 것들이 주님 뜻에 영합한지
침묵의 기도로 여쭈어야 할 때가 있더이다

달려가기만 하면 무엇이든 잡을 것 같고
이룰 것 같았던 무모함에서 벗어나
빨강 신호등 하나 켜 놓고
브레이크 지그시 밟은 채
파도 지난 호수 속을 들여다보듯
나를 고요히 살펴야할 때가 있더이다

# 향취(鄕臭)

내 고향 냄새는 계절마다 다르다
봄이면 뻐꾸기 등 타고 오는 취나물냄새
여름이면 모깃불 속에서 익어가는 감자냄새
가을이면 단풍 속에 매달린 산머루냄새
겨울이면 무쇠 솥에서 끓어나는 김치국밥냄새
책 보따리 허리에 질끈 동여매고
필통 치는 연필소리 들으며 동구에 들어서면
집집마다 솟아오르는 연기냄새
지금도 그곳에 가면 그 냄새 있을까
돌담아래 옹기종기 모여 앉자
깨진 사금파리 솥 걸어놓고
불대 똥대 하며 밥 지어
너는 아빠 나는 엄마하든 그 동무 있을까

오늘 밤 꿈 나들이는
그 냄새, 그 동무 찾아 나서야겠다

# 수채화 속에서 나온 여자

바다를 등지고 앉자
앞산의 사계를 즐기며 찬송하는 집
그 집에 사는 여자는 시를 쓰고
그 집의 남자는 꽃에 물을 주었다
휘영청 달 밝든 어느 날 밤
달빛 드리운 창가에
무늬 짙어지든 사랑 그림자 깊이 잠들자
물 주던 그 남자 슬며시 빠져 나갔다

나목의 빈가지 윙윙거리든 날 떠난 사람
꽃피고 새 울어도 돌아오지 않는데
시나브로 퇴색된 그 집 유리창이 깨어지고
낡은 서까래 한숨처럼 내려앉는다
수채화 속에서 나온 여자는
램프를 탈출한 요정처럼 날 줄 알았는데
애시 당초 그녀에겐 날개가 없었고
수채화속에서 추구했던 자유는 허상이었다

저 뜰 어디쯤에 그가 있었던가
저 마당 어디쯤에 내 노래 있었던가
뒤돌아본 수채화 속에 지문들이 유성처럼 쏟아져내린다
차라리 박제되어 수채화 속에 있을 걸

# 3부
## 보는 봄

# 입춘의 걸음마

춥다고 웅크린 아이
얼러서 세워놓고
아장대는 아이 따라 길을 나섰다

찬바람 몰아치면 넘어질까
눈보라 휘몰아치면 주저앉을까
노심초사 걷든 발길에 파란 개불알꽃

쓰러질 듯 넘어질 듯
뒤뚱거리기만 했는데
언제 해작질하여 이런 꽃을 피웠나

살며시 고개 숙여 눈을 맞추자
여린 꽃송이마다 살랑이는 춤사위

이 아이 성장하여
우수, 경칩으로 이름 바뀐 어느 날
온 천하에 녹색 물 뿌리고
가지마다 송이송이 꽃을 피우면
떠난 임 꽃바람 타고 오시려나

# 달맞이꽃

심심산골 오솔길에
홀로 자란 달맞이꽃
비 내리는 그믐밤에 피려함인가
한 줄기 바람결도 간지러워
터질듯 한 꽃망울 굳게 닫고
수줍은 양 파르르 떨고 있다

별빛도 달의 속삭임도 모르는 체
가슴 닫고 자라면서 꽃은 왜 맺어
보는 이의 마음을 이리도 애처롭게 하는가

티 없는 속내 행여 멍들까봐
치솟는 그리움 달래며
해맑게 부푼 꿈 피울 길 없어
살랑대는 솔바람에도 가슴 여민다

- 1964년 7월 7일

# 보는 봄

간밤에 비 내리더니 봄이 왔네요
엄마 젖꼭지 같은 수선화 고개 내밀고
매화는 빙그레 속내를 밝혔어요
한여름을 흥겹게 노래할 굼벵이가 꿈틀거리듯
봄은 그렇게 대지 위에 꿈틀거리는데
끈 놓친 풍선처럼 날아가 버린 나의 젊음은
어느 봄날 떠돌다간 구름이었나봅니다
이런 봄날은 연분홍 스카프 휘날리며 동산에 올라
까르르 웃음 섞어 노래하고 싶은데

뒤뚱거리는 몸뚱이 창가에 기대앉아
봄이 노니는 창밖만 우두커니 바라봅니다

# 백목련

옥양목 적삼처럼 하도 순결하여
봄꽃 중 으뜸이라 갈채들을 보낼 때
마음껏 뽐내었으리 뒤뜰안의 백목련

봄볕의 순 애무를 사양 없이 받아대고
벌 나비 유혹하여 씨 낭을 채우고는
추하게 늙은 기생처럼 떨어지는 꽃잎이여

# 나의 봄

낙엽 스치고 간 옷깃 사이로
겨울 한 자락 파고드는 밤
시월 보름 청아한 달빛 초청에
호수 잔잔한 언덕에 올랐습니다
푸르던 시절 당신과의 대화는
호수에 잠겨 찰랑거리고
그날의 눈빛처럼 그윽한 밤은 길어만 가는데
가슴에 부는 바람 재우지 못하여
먼 창공으로 그리움 띄웁니다
내 영혼의 노래로 각인되어
달빛 부서지는 호수에 어른거리시는 당신
당신 앞에 나는 호수에 비치는 나목

당신의 사랑으로 움트고
당신의 사랑으로 꽃 피울 수 있으며
당신의 사랑으로만 열매 맺을 수 있는
오직 당신만이 나의 계절이기에
흰머리마저 빠져나간 억새풀 앙상한 줄기 아래서도
나의 봄은 약동되고 있음을 느낍니다

아직은 당신 사랑 날 향하시고
나 그 사랑 전해야 할 사명 있기에…

# 경칩과 춘분 사이

잔설이 혼곤한 땅에 보슬비 내리더니
연초록 물감 들고 찾아온 봄
수양버들 가지마다 따옴표 찍어놓고
안장 없는 그네 타며 해작질한다

버들강아지는 이미 눈을 떴고
도랑물 소리도 낭랑한데
초경하는 소녀의 젖꼭지 같은
진달래 꽃망울은 언제 터뜨리고
노란 산수유는 언제 피우려고
앙상한 가지 외면하고
여유자작 해작질만 하는가

늙은이 잔소리를 조롱하는
한 줄기 바람이 겉옷을 여미게 하는 오후
그래도 봄은 살랑거린다

# 그대의 봄은

비 질금거리더니
집 앞 벚꽃나무에 팝콘 튀었다
보랏빛 제비꽃도 고개를 내밀고

만물이 소생하여 그대 기다리는
푸른 초장에도 산들바람 일렁이는데
미동도 없는 그대 언제 고개 들려나

뒤 돌아보면 긴 듯 짧기만 한 길
앞으로 나갈 길은 서산에 걸린 해 같이 더 짧은데
향긋한 그대 봄은 언제 오려나

고리 없어 열수 없는 문
귀라도 열려 생명의 소리 전해줄 수 있다면
한 소절 노래처럼 속삭여주련만…

사랑한다는 그 한마디 가슴에 품고
서성이다 돌아서는 발길에
포근한 봄볕이 애잔한 미소를 보낸다

# 춘몽

매화 꽃등에 바람 불어 꽃잎이 진다
단아한 여인 같던 자태가 속절없이 사라져
가슴 아리게 떠나버린 유년의 첫사랑이어라

즈려 밟고 가라시던 진달래라면 차마 밟지 못하고
살포시 제치며 걷는 발길에 떨어진 눈물로
하루쯤은 넉넉히 견디었을 텐데,

아리도록 아름답고 단아하던 모습
포말처럼 산산이 부셔졌어도
봄이면 제비처럼 다시 오리니

향유 못할 임 일지라도 다시 또 한 번
따스한 햇살 한 줌 가슴에 부여안고
매화 지는 봄날 서리서리 아껴둔 꿈을 꾸리라

# 가는 봄

흰 구름 두둥실 뜬 하늘은 청명하고
진달래 붉던 언덕 초록이 짙어지니
살랑대는 바람결 따라 떨어지는 봄꽃들

가는 임 후미에서 붉은 해 훔쳐보며
이 봄의 풋 한 꿈에 아래 점 찍어놓고
내 삶의 한 자락이라도 도닥일 수 있다면

오는 듯 가는 봄은 뉘라서 잡으리요
원초적 아픔 같은 애틋한 그리움은
먼 훗날 영혼의 뜰에 소롯이 펼치리라

# 봄날에

누구를 위하여 소쩍새는
애련한 소야곡으로 목매는가

제비나래에 실려 온 강남소식은
영혼을 흔들어 깨우고
고요가 깃든 토담 뜰 위에
가만 가만히 찾아든 초승달 미소

연분홍 베일속의 아가씨 꿈은
꿈처럼 바람처럼 부풀어만 가는데

그리움 여울 저 흐르는 가슴에
비로오드 포근한 임이 오시면
두근두근 설레는 마음에 별이 뜨려 나

꽃도 낯을 붉힐 수줍은 아가씨도
먼 나라의 왕자님을 꿈꾸고
아지랑이만 저녁연기처럼
연푸른 산하에 고요히 깔린다

- 1967년 4월

# 봄비

밤새워 보슬보슬 봄비가 내리더니
정원의 수선화가 젖꼭지 내밀어요
새아씨 품에 두었던 곱디고운 순정인데

뾰족이 나온 꼭지 살포시 벌어지면
해낙락 샛노랗게 웃음꽃 피워놓고
벌 나비 불러들여서 잔치라도 하려는가

# 4월 임이여!

임이여!
새하얀 꽃잎 흩날리며 가시렵니까

목련처럼 피어 벚꽃처럼 지고 싶다던
그 슬픈 미소를 뒤로하고 정녕 가시렵니까

분분한 낙화 사이로 정녕 떠나실 당신이라면
나의 뜨락에 내린 당신의 밀어는
새벽꿈인 양 가슴에 품겠습니다

당신이 떠나고 나면 여왕이 오시겠지만
당신 품속에서 피우고 싶었던
꽃망울 하나 아직 맺혀있어
내 화원에 망울 품고
다시 오실 당신을 기다리기에는
내 화원이 너무 좁습니다

# 봄처녀

먼 산 잔설이 가시기도 전에
아지랑이 언덕에 한 송이 할미꽃

속삭이는 산들바람 수줍어
자주 빛 꽃잎 안으로 감추고
살며시 고개 숙인 봄처녀

- 1960년 3월. 중1 작문 시간에

# 서러운 봄

바람이 문을 두드려 나갔더니
매화꽃등에 봄이 걸려 있습니다

이 봄 활짝 피는 날이면
뒤뜰 오동나무도 보랏빛 등을 밝힐 텐데
당신은 봄을 잊으셨나요

봄날의 서정을 품고 뒤돌아보니
꽃바람 불던 날도 찬바람 불던 날도
모두가 지나간 바람뿐이었네요

바람이 다인 세월인 줄 알면서도
당신 좋아하시는 쑥국을 끓여들고
나푼나푼 당신께로 가고만 싶습니다

당신 없는 꽃샘추위를
사라저간 시간들로 덮지 못한 채
당신 찾아 헤매다 사라질
나의 봄이 서럽습니다

# 가을 꿈

이 가을엔 무엇을 할까
늦은 밤 책상 앞에 앉아 가을을 더듬으며
깻잎처럼 한 장 두 장 쌓아둔
기억의 광문에 처진 거미줄을 걷어내자

유아시절 담 밑에 앉아
깨진 사금파리 솥 걸어놓고
풀잎 따다 불대 똥대 하며 끓인 국에서
모락모락 김이 솟는다

철이는 아빠
숙이는 엄마
모자람 없는 살림살이 둥지에서
까르르 아이들의 웃음소리가 들리고
돌담 집 모퉁이 돌아가자
가을 환각 속에만 존재하는
유년의 그 머슴아
딱지 치는 소리 요란하다

# 6월의 향연

곤돌라에 몸을 싣고 철쭉꽃핀 덕유산 향적봉에 올랐다
연분홍 향연에 쏟아지는 햇살
손에 잡힐 듯 스쳐가는 흰 구름
그 속에서 반세기 전 단발머리 소녀에게 손 내밀며
발그레 낯 붉히던 소년이 다가온다
날보고 해맑은 철쭉꽃 같다던 그 머슴아
아직도 이곳에 있을 줄이야

훤한 속 알머리 감추고 정상에 올라
영원히 기억나지 않아도 좋을 그 머슴아 손잡고
연분홍 향연 속에 푹 빠져
산새보다 아름다운 음절로
유월의 한나절을 노래하고 싶어서

'바람이 불면 산 위에 올라 노래를 부르리라 그대 창가에…'
어느 곳에 그의 창이 있는지
그가 어떤 모습인지 몰라도
오늘은 그의 철쭉꽃이 되어
그의 눈길 기다리고 싶은데
타목의 음절은 속으로만 파고들고
낡은 무릎은 시큰시큰 내려가자 재촉한다

# 가을 사색

돌을 던지면 퐁당하고
파문이 번질 것 같은 하늘
발을 구르면 우수수
낙엽이 떨어질 것 같은 산하
누군가 다정한 미소만 보내도
눈물이 흐를 것 같은 마음 추스르고
창가에 앉아 턱을 고였다

가슴에 파고드는 바람 한줄기
어느 강을 건너왔기에
정두고 떠난 임들이 실려와
애살프시 회리바람을 일으키는 고

나도야 석양으로 기우는 생
어느 날 홀연히 임께서 부르시면
미움도 그리움도 아픔까지도
주름살 깊은 고랑에 묻어버리고

한 생애 푸르고 푸르게 살다가
곱게 물들이고 떠나는 낙엽처럼
최후의 자태가 아름다울 수 있도록
잃어버린 나를 찾아
긴 듯 짧은 여행을 떠나고 싶다

# 가을

당신은 정녕 요정입니다
황금 들녘 껴안고
고추잠자리 타고 다니는
당신은 정녕 요정입니다

당신은 정녕 요정입니다
빨강사과 볼에 키스하고
노랑 감 엉덩이 애무하는
당신은 정녕 요정입니다

당신은 정녕 요정입니다
푸른빛만 고집하던 초목
울긋불긋 옷 갈아입히는
당신은 정녕 요정입니다

당신은 정녕 요정입니다
한 평생 절개 지킨 여인 가슴
마구헤쳐 한숨짓게 하는
당신은 정녕 요정입니다

# 가을 소녀

으악새 스쳐온 바람결에
내 안의 소녀가 잠을 깨어 유혹한다
코스모스 하늘거리는 동구 밖으로
구절초피는 동산으로 가자고,
막무가내로 졸라대는 그녀를
단 한 번도 이겨본 적이 없건만
늙음을 구실삼아 뭉때리다가
내년에는 같이 할 수 없을지도 모른다는
그녀의 공갈 같은 진실에 백기를 들었다
어디로 갈까
능금이 빨갛게 익어가는 과수원을 지나
초승달 목욕하는 호수로
휘파람새 노래하는 언덕에 올라
단풍고운 고향 산하를 바라보고 싶은데
몸과 마음이 따로 놀아 안타깝다

어디를 보여줘야 소녀를 잠재울까
그 어느 곳을 보여도
다시 잠들 것 같지 않은 소녀의 칭얼거림에
발만 까닥이면 되는 자동차에 몸을 싣고
향유 못할 옛 것을 찾아가는 노부의 입술에
침잠의 두런거림만 오물거리고
이정표 없는 황혼 길이 괜스레 조급하다

# 가을을 따다

만추의 동산에 올라
국화꽃을 딴다
여리고 가냘픈 허리 휘청거리며
목마름 이겨내고 피워낸
소중한 향이기에
샛노란 한 송이 한 송이의
가을을 딴다

눈 소복이 쌓이는 겨울
이 가을이 그리워지면
찻잔에 네 향긋한 꽃송이 띄워놓고
가을 하늘에 흘러가던 구름과
오색 단풍속의 너를 추억하리라

또 문득
떠나버린 옛사람이 그리워지면
새하얀 눈 위에
네 노란 꽃송이 하나하나로
그 이름을 새겨놓고
가슴으로 살며시 불러 보리라

# 빗속의 갈증

비가 내립니다
산천 조목은 춤을 추고
벌 나비는 고단한 날개 접고 단꿈 꾸는데
오직 빗소리만 주룩주룩

비 내리는 창가에 마주 앉아
출렁임 없는 일상을 도란거리든
그 사람 떠난 자리에
채색 없는 환영으로 다가오는 그림자

유리창을 사선으로 시침질하는 빗줄기 넘어
세상은 초록 빛 녹아 만상이 풍요한데
매 마른 내 영혼에는 바람만 불어
망각의 뜰로 가는 통로 찾아 헤맨다

한 나절을 우두커니 앉아
심연의 바람으로 출렁이는 상념을 잠재우고
잿빛 하늘 향하여 내 영혼의 단비를 구하며
잊음의 처소에서 베풀어주실 은혜를 갈망합니다
갈증을 해소시킬 생수를 갈망합니다

# 가을인가봐

언니, 가을인가봐
걸려온 전화 한 통에 창밖을 보니
파란 하늘에 고추잠자리 날고 있다

아직도 땀은 줄줄 흐르고
기별도 없었는데 언제 왔을까

가을, 이 공황의 계절 깊어지면
은밀한 내 기억의 방을 열고
그 방 어딘가에 고이 접어둔 추억하나 꺼내어
젊은 날의 아픔을 시로 읊조리고 싶다

희미한 하현달 해작질하는 벤치에 앉아
귀뚜라미 벗 삼아 밤새도록
시린 시향에 취하고 싶다

내 눈에 고인 눈물 마를 때까지
내 안에 이는 바람 잠들 때까지

# 시월이 가면

시월이 가면
낙엽 쌓인 벤치에 앉아
떨어진 단풍잎이 어찌 그리 고운지
지는 해 석양이 어찌 그리 붉은지
그 내력을 알아보고 싶습니다

시월이 가면
접안의 바닷가 해변에 앉아
파도로 밀려와 포말로 부서지는
바다의 속내가 어찌 그리 깊은지
그 내력을 알아보고 싶습니다

시월이 가면
구절초 외로운 동산에 올라
아직도 피울 꽃망울이 있는지
씨방에 영근 씨앗은 있는지
풀잎 사이사이를 엿보고 싶습니다

시월이 가면
가을 깊은 곳으로 들어가
빈들에 선 허수아비의 소매 깃을
살며시 어루만져 여며주고
그의 외로운 눈물을 닦아주고 싶습니다

# 가을비 · 1

만추의 밤에
비가 내립니다
낙엽 우수수 떨어뜨리며…

아스팔트 위에 뒹구는 낙엽의 절규가
가로등 불빛 아래 퍼지고
시인의 우수도 낙엽이 되어 흐릅니다

질주하는 자동차의 라이트가 비추는 세상엔
비와 낙엽과 가을만 있는데
자동차 속에는 어떤 사연이 있기에
신호를 못 본 척 저리도 급할까

어차피 두 번은 못가는 인생길
청색불만 있다면 어이 쉬리,
때로는 적색 불도 약임을 알았으면 좋으련만…

흔들리며 떨어지는 낙엽 위로 비는 세차게 내리고
흔들리는 마음잡지 못하는 어중이 시인의 가슴에도
가을비는 주적주적 내립니다

# 가을비 · 2

깊어가는 가을 밤비의 이야기를 듣노라면
토담집 처마 밑에서 도란거리는 소녀들의 속삭임이
태고적 신비의 울림으로 다가온다
빨간 능금 볼 씻긴 사연과
고랑타고 흐르는 배추들의 웃음소리
그리고 속절없이 떨어지고 마는 낙엽의 붉은 속내가
오는 듯 흘러가는 빗줄기에 담겨있다
봄날에는 생명의 시여자로 다가와 설레게 하던 비가
이 가을밤 이야기는 어찌하여
애잔한 사연들을 싣고 와 잠 못 들게 하는고

거친 숨결이야
추락하는 아픔의 비명인 것을 모를 리 없건만
밤새워 도란거려도 끝날 것 같지 않은
비의 이야기를 들으며 지그시 눈을 감는다

이제 보슬보슬 포근한 자장가를 들려줄 수 없겠니
내 꿈속 품에 안겨 같이 흐르자꾸나
송사리 촐랑대는 도랑을 지나
저 강줄기 끝에 있는 망망대해에 이르도록

# 가을비 · 3

주룩주룩 내리는 가을비에 밤은 깊어가고
빗줄기 따라 떨어지는 낙엽처럼 흘러가는 시간 속에
속절없이 빠져드는 가을 애상으로
허한 가슴에 파도가 높다

젊은 그 어느 가을 낙엽 쌓인 숲길에서
쓸쓸한 미소로 눈물 감추고
인생도 어차피 한 잎 낙엽이라며
고운 낙엽 쥐어주고 등보이던 그 사람은
지금 어느 하늘아래서 가을을 맞을까

가을비에 세안한 힘없는 구절초는 질 때를 알았는지
고즈넉한 석양빛을 아쉬워하더니
함초롬히 젖은 몸으로 별을 품은 채 잠들고
저 황금빛 들녘에 콤바인 휩쓸고 나면
코스모스 한들거리던 신작로 건너
빈들에도 흰 눈이 내리겠지

소복이 쌓인 흰 눈 속에
가을 이야기들은 이 밤의 애상과 함께
소롯이 묻혀버리고
가을비가 휩쓸어간 낙엽 또한
한 줌의 흙으로 돌아가겠지

# 늦은 비

메마른 대지에 단비를 주시니
임의 창조물들이 소성하여
산천이 노래하고 초목이 춤을 춥니다

기다리다 지쳐 생명 사라진
고사목 가지에도 비는 내리건만
썩어짐을 재촉할 뿐 무슨 유익이 있으리까

움켜쥐고 살았던 것 내려놓고
신령한 것들 채워가며 곱게 익어갈 수 있도록
내 영혼에도 늦은 비를 내리어 주시옵소서

세파의 모진 바람에 우듬지 꺾였어도
아직은 삶의 끈 거두지 않으셨으니
임께서 불러주실 그날 위해 살리니

사모하는 애틋함이 소성하여
내 입술이 찬양하고 내 영혼이 춤출 수 있도록
메마른 내 영혼에도 단비를 주시옵소서

# 매화의 꿈

홑적삼 옷섶같이 화려하지 않아도
봄바람 타고 와서 그윽한 향을 주던
분재 속 나의 매화는 속절없이 갔습니다

임을 맞지 못 한 채 서재에만 갇혀서
늙은이 시선에도 얼굴을 붉혔으니
숫처녀 나의 매화는 열매 없이 갔습니다

다시 또 돌아올 춘삼월 내년에는
예쁘게 단장시켜 벌 나비 나는 곳에
보란 듯 내보냈다가 파란 손주를 보렵니다

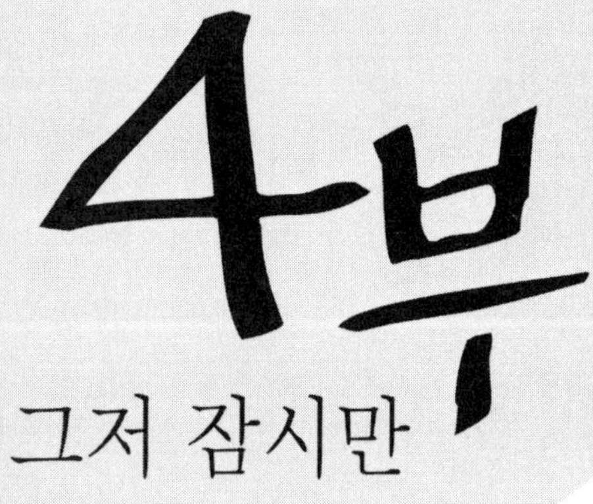
4부
그저 잠시만

## 새해에

주님! 주님께서 주신 삼백 예순 다섯 장의 백지 위에
어떤 그림을 그려야 할까요
시간이라는 크레파스는 재깍재깍 소리를 내며 닳아지는데
무릎으로 그린 밑그림을 완성하는 데는 지우개가 없어서
몽당연필 손에 쥔 채 파르르 떨고만 있습니다
오해를 이해로, 분쟁을 화합으로 그려 칠하면
소망과 사랑 꽃이 향기를 토할 텐데
이 아름다운 빛깔들은 소진되고
혈기와 교만 등 자주 썼던 색들만 가득하니
쓸수록 자라는 크레파스임을 몰랐었습니다
옹이 없는 나무가 어디 있으리오
마음 다잡고 주님 앞에 무릎 꿇어 흘린 눈물로
반조된 노을빛 칠하다 보니
미완성인 또 하나의 백지가 넘어 갑니다
삼백육십 다섯 장이 모두 내 것이라는 보장도 없는데
내가 그리겠다는 착각의 족쇄를 벗어나
오로지 주님 손에 나를 맡겨
임께서 원하시는 그림이 그려지기를 원합니다

임께서 맡아주시면 지금은 내 새벽별이 어두울지라도
꽃피고 새우는 날들을 지나
다시 백지처럼 새하얀 설원이 세상을 덮는 날
한 장 한 장 되돌려 보는 그림이 부끄럽지 않겠지요
미완성뿐인 내 삶을 주여 받아주시옵소서

# 일어나라

가슴시린 그대 일어나라
꽃향기 그윽하고 새들 노래하는
저 언덕으로 가자

게으른 대추나무도 눈뜬 사월인데
언제까지 오해의 벽에 갇혀
한숨의 수레바퀴만 돌리려는고

이제 일어나라
타이타닉호의 충직한 연주자들처럼
삶이 다하는 순간까지 따르리라던
첫사랑 언덕에 봄바람 일렁인다

너 스스로 만든 허상의 벽을 깨고 일어나면
얼어붙은 네 마음 녹여줄
전능자의 손길 따스하고
네 상처 말릴 햇살이 눈부시다

자 이제 일어나라
너와 나의 노래로 일깨울 영혼들 있나니
우리 손잡고 저 봄언덕으로
같이 가자

## 여인아

심심산골 암자에 홀로 있는 여인아
밤새워 내린 눈이 천하를 덮었는데
동공에 그윽한 눈물 언제나 쏟으려는고

흑백의 조화 속에 만상이 고요한데
적막에 내려앉은 새하얀 달빛처럼
차가운 그대 손길을 그 어이 녹이이리까

두고 온 사연이야 가볍지 않겠지만
산 깊고 밤도 깊어 인적이 전무한데
토방에 쌓인 한숨만 장천을 이루는구려

# 비움

일 년 세월을 비워내고
달랑 한 장 남은 달력이 가볍다
두 장이었을 때만 해도 몰랐던 무게

들도 비웠고 나무도 비웠고
모든 것을 비워낸 겨울의 초입에
순백의 꿈들이 술렁이는데
아직도 비우지 못한 가슴에
꿈틀거리는 나비 한 마리
몽달진 날개 퍼덕이며 먼 허공만 바라본다

꽃바람 불던 여름날의 석양에
다리 하나 걸친 채

# 꽃잎 받으며

꽃 지듯 떠나신 임 잎 피듯 오시려나
조요한 달빛아래 피는 듯 지는 꽃잎
하나 둘 손에 받으며 그대 찾아가는 길

피고 지는 꽃들로 계절은 여상한데
계절 밖 멀리멀리 꽃잎처럼 떠난 이는
영원 속 그 어디에 있기에 나를 잊으셨나요

꽃이야 피고지고 봄 가듯 세월가도
오마지 않는 이야 뉘라서 불러 올꼬
꽃잎을 타고 오는 환상 한숨으로 보낸다

# 사랑하는 아들아

보고 싶은 것과 보아야 할 것 사이에서
가고 싶은 곳과 가야 할 곳 사이에서 서성이지 말자
해야 할 일과 하고픈 일이 일치되기를 기도하며
차를 타고 다니는 세상 속에 살아도
져야 할 십자가를 지고 나가자
끊어야 할 정 때문에 눈물짓기보다는
비운 듯 채운 듯 미소 짓고 돌아서서
주님 발자취 따라 앞만 보고 나가자

이천년 전 어느 봄날
서른 세 살의 장정을 태우고 비틀거리던 나귀는
채찍 아닌 호산나 찬양을 받으며
사람들의 옷을 밟고 걷는 영광을 받았다더라
광야로 나가도 만나는 있고
구름기둥 불기둥의 보호와 인도가 있나니
위를 향해 손 내밀고 곁눈질하지 말자
훗날 시간 밖의 영원 속에서 너와 나 만나면
오늘의 아픔도 기쁨이요 영광이리니
그날을 위해 오늘의 아픔일랑 고요 속에 묻어버리자
내 사랑하는 아들아

# 그저 잠시만

더도 말고 덜도 말고
딱 한 번만 그대 어깨에 기대고 싶습니다
반세기 전 어느 날밤 자갈 많은 신작로길 걸으며
우정이라 귀정해놓고 많은 시간을 허물없이 보냈지요
그대 멀리 떠난 어느 날 결혼한다는 나의 기별 받고
하루 종일 나의 행복만을 빌었다던 소식 들었을 때
그대 진정을 알았습니다
그 마음이 바로 내 마음이기도 하기에

모진세월 세파에 보대끼어
구멍 숭숭 뚫린 배가된 나는
이제 우리의 추억이 담긴 고향이라는 항구
어느 모퉁이에 있을 것 같은
그대라는 부두에 잠시 머물고 싶습니다

다시 또 낡은 돛 펄럭이며 떠나야 할지라도
닻 내리고 그저 잠시만 그대 어깨에 기대어
눈물 한 줄기 주르르 쏟아내고 싶습니다

# 외롭지 않아요

세모시 적삼 같은 접시꽃 곁에
올해도 자귀꽃은 피었습니다
아스라한 먼 옛날
그대와 나 풋내 나던 시절
가녀린 자귀 꽃그늘에 앉아
이파리 달라붙는 밤이면 떠나자 했었지

그렇게 헤어져 살아오면서
가깝지도 멀지도 않은 그만큼에서
스쳐가는 바람결에 소식 들어도
그대 잊어야 할 사람이 아님에 행복합니다

자귀 꽃 피는 계절이 되면
꺼내어 빙그레 웃으며 그리워할 수 있는
그대 있으매 나 외롭지 않습니다

고슴도치 사랑을 하기에는 너무나 긴 세월의 아낌
예나 지금이나 그대는 내 마음의 고향이기에
이 땅 위에 그대 숨길 있으매 행복합니다

# 그립습니다

임이 그립습니다
내 가슴에 같이 숨 쉬고 계시건만
그립습니다

호수에 나가면 달빛 타고 오시고
언덕에 오를 때는 바람으로 오시건만
그립습니다

폭염 이글거리는 광야에이를 때면 구름으로 오시고
어두운 터널 헤맬 때면 불빛으로 오시어도
그립습니다

이 밤 내님 오신다면 어설픈 내 초소에 꽃등 걸어놓고
오실 길에 연초록 비단 한 필 주르르 깔아
기다리겠습니다

# 모르시나요

이슬 속에도 바람 속에도
봄이 깃들어 있습니다

의연히 버티고 선 나무도
가지마다 실눈 뜬 채 소곤대고
꽃 봉우리 벌리려는 햇살의 속삭임은
침 없는 애무로 간지러운데…

세월 건너편에 계신 당신은
봄이 피울 꿈들을 모르시나요
봄의 유희를 홀로 보며 울먹일
나의 아픔을 모르시나요

# 육십령

여름 방학이면 연내 행사처럼 가는 곳이 있었지
전라와 경상의 경계 육십 령 고개 넘어 함양 서하면
엄마 같은 언니가 살고 조카들이 줄줄이 사는 곳
혼자인줄 알았다가 언니가 있다는 도부꾼 말에
육십 명이 모여야 넘을 수 있다는 전설의 고개를
겁도 없이 따라 나선 아홉 살배기 계집애
고갯마루에 오르자
도부꾼은 거창을 향하여 지름길로 가버리고
어린 계집애는 양손에 차돌을 움켜주고 울며 뛰었다

긴긴낮 지나고 해 설핏할 무렵
소 몰던 머슴아들 휘파람 불며 다가올 땐
시침 뚝 떼고 콧노래도 불렀었지

침침한 호롱불 아래서
발뒤꿈치에 약 바르며 흘리던 언니의 눈물은
내 가슴에 진주로 박혔는데
이제는 두더지처럼
터널 몇 번 통과하면 되는 십분 길

사라진 호롱불만큼이나 그리운
울며 넘던 그 꼬불길 육십령 고갯길

# 좋은 향기

코를 통해 들어오는 향기가 아니어도
마음으로 스며드는 향기가 좋습니다

달콤하게 파고드는 향기가 아니어도
말에서 풍겨지는 향기가 좋습니다

라일락처럼 진한 향기가 아니어도
은은한 들풀 같은 향기가 좋습니다

같이 있을 때 풍기는 향기가 아니어도
떠난 후 그리워지는 향기가 좋습니다

오랜 시간 지나도록 두고두고 기억하며
맡고 싶은 변치 않는 향기가 좋습니다

# 너와 나

엊그제 새아씨 볼처럼
불그레 물드는가 했더니
시월 지나자 불타는 속내 드러냈구나

달리는 고속버스 차창 너머로
스치고 지나버린 풍경처럼
그렇게 흘러간 시월인데
찬 서리에 붉은 잎은 마르고
소슬한 바람에 떨어져 구르니
보라 붙어 있다고 자랑 못하고
떨어져 구른다고 슬퍼할 것도 없는 것이
불가불 머지않아 모두 흙으로 돌아가고
화사했던 기억마저 잊혀 지리니
이 바람 넘어 실체가
어떻게 다가오든 괘념치 말자

과거와 미래를 배회하는 오늘 속에
어느 바람에 떨어질지 아무도 모르나니
가면 다시 오지 못하는 것은
너와 내가 다를 바 있겠는가

# 이 사내

슬픔도 고통도 아픔도 없는데
눈물이나요
아쉬움도 후회도 자책도 없는데
눈물이 흘러요
왜냐고 묻지 마세요
나도 몰라요
파란 하늘만보아도
곱게 단장하는 낙엽만 보아도
눈물이 흘러요
흰머리 값 못하는 주책이라 꾸짖어도
어쩔 수 없어요
기나 긴 여름 지내면서
사모하며 기다렸는데
칠십 번을 만나
몇 달씩 동거했건만

가을이라는 이 사내는
아직도 나를 울려요

# 그와 나

늦은 밤 한 통의 전화에 가슴이 열려
내 마음 달 밝은 고향으로 달린다
같이 걷던 길 위에서 달을 보며
추억에 젖어 전화한 사람
그 사람 마음 한 자락 내게 이르니
그 사람 곁에 있는 고요마저 그립다
악호봉과 기린봉 사이로 솟았을 고향 달
그 달빛 아래서 손잡고 부르던 노래들이 깨어나
난 해묵은 추억의 방을 열었다
그와 나는 한 권의 노트에 일기를 같이 쓰며
미래를 꿈꾸기도 했었는데
우리가 될 수 없는 현실 속에 세월은 흐르고
순수를 모터로 했던 첫 사랑
이제 흰머리 펄럭이며 만나도 되련만
그와 나 사이에 오작교는 없다

주르르 흐르는 눈물일랑
오늘이라는 시간에 묻어버리고
추억 속에 간직된 침잠의 언어들을
세모시에 수놓듯 정갈하게 새기며 가리라
갈등 없는 육체 밖 저 영원에 이르도록…

# 나를 위한 기도 · 1

주님, 이 죄인을 용서하여 주시옵소서
주님은 수고하고 무거운 짐 진 자를 오라하셨는데
저는 누가 기대올까 봐 어깨 곧추세우며 살았습니다
주님은 허리에 종의 수건을 두르시고
낮은 자리에서 발을 씻기셨는데
저는 높은 자리에 눈 부릅뜨고 앉아
발들이 더럽다고 선악과의 효과만 높였습니다
오 주님! 제가 늙어 타인에게 기대야 할 때가 되기 전에
저도 주님 닮은 삶을 살기 원합니다

누군가 기대올 때 내어줄 포근한 어깨와
힘들고 지쳐 눕고 싶은 사람에게 베어줄
따뜻한 무릎 있길 원하오며
자아중심적인 내 입술에 상처받아
가슴 아픈 영혼 감싸안고
같이 울며 품어줄 눈물 있기 원합니다
제 입에서 선포되는 출력과
성도들의 가슴속 입력이 일치하여
말씀의 능력이 창출되길 또한 원합니다
오 주님! 종의 수건을 질끈 동여매고
나를 다스려 겸손히 씻기는 삶을 살도록
어리석은 종을 이끌어 주시옵소
그렇게 사용하여 주시옵소서

## 나를 위한 기도 · 2

주여! 나의 기도를 들어 주소서
짧은 생 지나는 동안 영안(靈眼)을 열어주사
보이는 것에 치우치지 않게 하시고
시대를 분별하여 대비하는 자가 되기 원하나이다

지력 없어 주님 뜻 거스르지 않게 하시고
영력 없어 허공 치는 소리 하지 않게 하시며
체력 없어 허둥대지 않게 하시고
물력 없어 옳은 일에 망설이지 않게 하시며
인력 없어 외로움에 울지 않게 하시고
사랑 없어 마른 가슴 되지 않기 원하나이다

사탄의 궤계에 흔들리지 않도록
청결한 마음과 정직한 영을 새롭게 하시고
실존적 지혜와 성령으로 충만케 하사
주님께서 부르시면 언제든지 달려 나갈 준비된 자로
대기 중의 자리에 있기를 원하나이다

인간 쭉정이보고 실망하지 않게 하시고
영혼 감싸 안을 넓은 품과 풍성한 유방을 허락하사
쭉정이 여물게 할 젖을 내게 하시며
폭풍우를 만나도 등대 향하여 노를 저을
새 힘과 능력을 채움 받기 원하나이다

시작보다, 과정보다, 끝이 아름답기 원하여
내 뜻, 내의지 버리고 말씀 따라 가는 길에
겸손히 영혼의 내실을 기하여
기름 준비하고 신랑 기다리는 처녀 되기 원하나

주여!
솔로몬의 기도처럼 주님을 감동시키지 못할지라도,
야굴의 기도처럼 간결하지 못할지라도
남은 생 고요히 무릎 꿇어 간구하리니
들으시고 응답하여 주시옵기 원하나이다

# 그날을 위하여

방사능을 지닌 채
격리된 병실에 갇혀 병마와 사투하는 여인

병상은 좁으나 상상은 넓어
가둘 수 없는 공작새 한 마리 깃을 펴고
광야와 생의 추위가 없는 곳
그리워 몸부림치는 임 계신 곳 향하여
은하계 그 어느 파라다이스까지 날아간다

단절하지 못한 것들에 매여
안으로 안으로만 새겨 넣었던 사모하는 마음
그 이름 뒤에 서리서리 감추었던 눈물 쏟아내니
영롱한 무지개 뜬다

어둡고 아픈 고통 속에서 키운 진주
알알이 꿰어 목에 걸고
사랑하는 임과 손잡고 걸어도
제어 받지 않는 자유 자유 자유

은폐된 공간 속에 번지는 미소
체념할 수 없는 삶의 몸부림

빛과 어둠 사이에 서성이는 그림자 지우고

발상의 전환키를 힘껏 돌려
아픈 삶의 껍질을 벗어 버린다

아직은 임의 사랑 날 향하시고
나 그 사랑 전해야 할 사명 있기에
임의 사랑 채색할 봄날을 꿈꾸며
비상할 그날 위하여 분연히 일어서리라
내 사모하는 임 만나도 부끄럽지 않도록
임의 품에 안겨 사랑노래 부를 수 있도록

# 장미는 피고

붉은 장미를 탐닉 하던 사람 있었습니다
넝쿨장미를 심어 터널을 만들고
꽃 피우기를 기다리던 사람
생일이면 한 다발 장미를 안겨주며
자기사람 돼줘서 고맙다던 사람
어느 날 홀연히 그 사람 떠나고
그가 심은 장미를 보는 서러움은
남은 자의 몫이 되었습니다

세월이 약이라고 누가 말했나요
세월은 약이 아니라
약인 척 다가왔다 스쳐가는 바람이었습니다
그가 없는 뜰에도 장미는 피고
햇살은 꽃잎을 더듬어 붉기만 한데
흑장미를 닮아버린 내 심장은
가시에 찔린 듯 아려만 옵니다
십 여 년의 세월에
질퍽하게 곰삭은 그리움이
눈시울을 타고 흘러내려 아른 한 한낮
빈 뜰에 흐드러진 장미만
그가 남긴 향인 양 파고듭니다

# 새로운 피조물

주님! 당신의 손길로 재생된 인생입니다
이제 당신이 주신 시정의 걸레로 거울을 닦아
당신 없이 볼 수 없는 나를 보게 하옵소서
그날, 육신 저며 내는 아픔으로 영육이 울 때
당신은 십자가를 지신모습으로 다가와
당신의 아픔에 나를 비교 할 수 있느냐 물으심으로
당신의 피 묻은 손에 이 육신 맡기게 하셨습니다
이제 여자는 갔어도 당신 딸은 여기에
이 무너지고 부서진 영과 육을 드리오니
당신의 긍휼과 사랑으로
오직 당신의 자비로 붙드시어
당신 뜻에 영합하여 쓰여 지기 원하나이다
육신의 유방은 없어졌어도 영의 유방은 풍성하여
온길 반영으로 앞길 닦으며
내 혼신 다 하도록 바로 걷게 붙드시고
당신의 말씀 없이 외설 듣게 마옵시며
내 허물 보지 않고 타인 보게 마옵소서

당신의 영광만을 위하여 살아갈
당신향한 내 길목의 거울엔
나 아닌 당신만 보여지기 원합니다

– 1985년 4월 14일. 두 유방을 모두 절재한 후

# 중매쟁이

신화 속에 씨 뿌리던 고난의 발자취를 따라
그리스와 터키에 깔린 잡신들을 밟고 돌아온 밤
내 침대 속으로 서슴없이 들어온 사나이와 동침했다

친숙해진 그가 날 이끌어 간 곳은
화려한 무도회장이 아닌 지하 감옥
그가 부르던 찬송과 기도가 울려 옥 터는 무너지고
두려움에 떨며 삶을 포기하려는 간수의 등불이 번득인다

사십에 하나 감한 매를 다섯 번이나 맞았을 때
돌에 맞아 죽은 줄 알고 버리고 감을 당했을 때
얼마나 고통스러웠냐 물었더니
배신자인 자기를 위하여 십자가에 못 박히신
아픔만 하겠느냐 되묻는다

그의 인격에 매료되어 눈물 글썽이는 나를 향하여
자기도 십자가를 몰랐을 때는
부러울 것 없는 큰 자 인 줄 알았는데
다메섹 도상에서 영광의 주를 뵙고 나서야
자신이 배설물 같이 무익한 존재임을 알았단다

이 천 여년의 세월을 거슬러 만난 그와 나
사랑에 빠진 그는 밤마다 내 침상에 다가오건만

자기보다 나를 더 사랑하는 멋진 분이 있다며
자기를 버리고, 또 나를 버리고
십자가를 지고 그분을 따르라 가르친다

그와 나는 이루어질 수 없는 사이
자기는 영원한 중매쟁이일 뿐이라며
자기를 사랑한다면 날보고도 중매쟁이가 되라한다
영혼을 중매하는 영매가 되라 한다

# 영혼의 고백

주님!
어리석은 것이 이제야 왔나이다
집나간 탕자가 아니라
날마다 주님을 부르며 같이 사는 듯했던
집안의 탕자가 이제야 무릎을 꿇었습니다

임의 양 무리를 양육 한답시고
말씀을 연구하며 선포하고
새벽을 깨우는 듯 부스럭거렸으나
세파에 시달려 임의 심장소리 시나브로 멀어지자
사랑도 열정도 식어지고
얼룩진 가슴에 몸부림의 박동만 쿵쾅거립니다

한때는 땅에 살아도
신령한 임의 나라를 볼 수 있었고
깨어질 항아리 속에서도
임의 음성 들으며 살았었는데
임이 멀어지자 나만 살아서
임께서 주신 소중한 보물들을 도둑맞고도
그것이 죄인 줄 몰랐습니다

알맹이 빠진 껍질만 가지고 있으면서도
살아 있는 듯 꿈틀거렸습니다

주여!
어리석은 종을 불쌍히 여겨주시어
식어진 가슴에 임의 사랑 지펴주시고
다시금 귀문 열어 세미한 주님의 음성 들으며
임 계신 천국 사모하는 마음 식어지지 않도록
곤고한 내 영혼을 돌보아 주시옵소서

# 내 고향 범덕골

내 고향 범덕골은
악호 봉 줄기아래 옹기종기 모인 마을
송정에 황새 둥지 틀고
아이들 소리 시끌벅적 했었지

봄이면 복사꽃 가슴을 열고
가을이면 발갛게 익은 능금
과수원 울타리 넘어 서리하던 곳이었는데

이제는 희미하게 사라져버리고
기억 속에만 존재하는 곳

온 동네 젖줄로 솟아나든 샘물은
지금도 솟구쳐 흐르고 있건만
우물가에 앉아 동네방네 이야기꽃 피우든 아낙들도
어미 옷자락 붙들고 칭얼대던 아이도 없고
저녁연기마저 사라져 버렸구려

내 고향 범덕골은
눈보라 가려주시던
아버지의 두루마기 자락 같은 곳
해 저문 저녁 길

도깨비불 가려주시던
어머니 치마폭 같은 곳

반세기 돌아와 다시 서니
너와 나
영글지 못한 유년의 풋 꿈만 살아 있는 곳
이제 돌아와 다시 안기고 싶어도
안아줄 사람 모두 떠난 껍데기가 되어 있는 곳

## 이상한 열차

레일도 없는 곳을
기관장도 기관사도 없는 열차가 달린다

잠시 쉴만한 간이역도 없건만
승객은 끊임없이 울면서 타고 울면서 내린다

내려야 할 시점이 어딘지
종착역이 어딘지도 모르는 열차 속에서

취하여 비틀거리는 사람
돈이 많다고 거들먹거리는 사람
다른 사람 살리려고
자신의 목숨까지 다 내어준 사람
빼앗고도 더 갖지 못해 불만인 사람
뛰어 내릴 기회만 노리는 사람

천태만상의 승객들이 어울려 웃고 울며 열차는 달린다
단 한 번도 쉬어본 적 없고
단 한 번도 속도를 위반하거나
지체된 적 없이 가건만
아이는 늦게 간다며 투덜대고
노인은 너무 빠르다고 한숨 쉰다

타고 싶어 탄 사람 없고
내리고 싶지 않다고 안 내릴 수 없는데
단 며칠이라도 더 타겠다고 수 억 만금을 걸어도
불가시적 불변의 규율이 있어서
단 몇 분의 시간도 천연 할 수 없는 열차

이 열차 지나간 곳마다
역사라는 자취를 남기며 희 노 애락의 삶을 싣고
오늘도 끊임없이 열차는 달린다

내가 내릴 곳은 어디쯤일까
미스터리,
미스터리 열차 안에서
십자가 붙들고 내릴 날을 기다린다
'이리 오너라' 부르실 그 환희의 날을

# 낙엽 · 1

솔잎 푸르다 자랑치마세요
갈잎도 봄날엔 새싹이었고
억새풀은 흰머리도 갓 피운 꽃이래요

작열하는 한낮의 빛보다
노을 붉은 석양이 아름다운 건
저를 품은 태양의 속내인가 봐요

고운 옷 갈아입고 길 떠난다고
화려한 변질이라 질타하지 마세요

푸르던 시절 사랑할 때는
서로 믿고 아우르며 살았었건만
서리 내리고 찬바람불자
살며시 저를 밀어내네요

어차피 떠나야할 운명이라서
식어버린 사랑 돌릴 수 없다면
애면글면 끌탕하며 울지 않겠어요

차라리 마지막 정열 다 바쳐
고운자태로 떠나고 싶은 저는
사랑의 화신으로 떠나렵니다

# 낙엽 · 2

네가 태어나던 날
하늘엔 종달새 팡파르 울리고
온 땅엔 웃음 가득했었는데
간밤에 북서풍이 우르르 우당탕
비까지 대동하고 호통 치더니
청소차에 네가 실려 가는구나
새벽 비에 흠뻑 젖은 채로…

한 평생 매달려 살아온 고단한 삶
존재의 흔적조차 지우고 가라고,
사랑하며 살았던 기억만 가지고 가라고
마음의 손 가만히 저어 보낸다

너의 분신 하나
산골 처녀의 책갈피 속에서
몰래 지껄이고
늙은 과부의 뜰에서 두런거려도
너는 나의 가을 뒤편에
그리고 나의 기억 속에 살아 있을 것이려니
떠나는 너나
보내는 나나 서러워 말자
안녕, 또 만나

# 분매

옆 친구 떠나버린 쓸쓸한 옥상에서
기나긴 겨울날을 움츠려 참았으니
춘 삼월 봄바람에야 어이가슴 여미겠나

# 5부
## 세월 밖으로

# 훗날을 웃으리라

태풍이 지나고 나니 맑고 쾌청하다
태풍이 열풍을 몰고 갔으니
단풍 고운 가을이 오겠지

하루의 태양이 질 때면 노을이 곱고
일 년의 한해가 기울 때면 단풍이 곱듯이
질풍처럼 살아온 내 인생 가을도
노을처럼 단풍처럼 아름다웠으면 좋겠다

혹여, 내 인생 가을 지난 후
다시 눈보라 친다 해도
이 폭풍 지난 후 다가올
명랑한 그 나라 바라보며

훗날을 웃으리라
밝고 맑게 웃으리라

# 설녀

찬란한 해살이 순백의 커튼을 장식한 아침
가슴 터진 목화송이 위로 마음 한 자락 흘러간다
별이 보이지 않던 지난 밤
머리 빠진 으악새 소리마저 들리지 않더니
무반주의 왈츠를 펄럭이며
사뿐사뿐 네가 왔었구나

내가 꿈길을 헤매지 않았더라면,
가로등 불빛사이의 너를 보았더라면,
먼 훗날, 어느 눈 내리는 밤의 로맨스를
내 추억의 곳간에 간직할 수 있었을 텐데

# 독백

자는 듯 가고 싶다던 당신의 바램이 이루어진 새벽
새하얀 눈 위엔 달빛이 부서지고 멀리서 기적이 울렸습니다
나란히 누워자던 당신이 싸늘히 식어갈 때
내 가슴엔 뜨거움이 솟구쳐
그 밤 당신과 도란거린 이야기는 포말처럼 부서져버리고
한평생 나만을 사랑했던 당신에게
사랑한다는 말 한마디 하지 못하고 당신을 보낸 나는
혼란의 격랑 위를 표류하는 거룻배가 되었습니다
나도 이 세월 지나고 나면 당신 곁에 가겠지만
애증 없는 무량의 세계에서야
고백한들 무슨 소용이 있으리요

어차피 때 늦은 고백이지만
나도 당신을 사랑했노라고 고백 아닌 독백으로
한밤을 지새우는 나를 당신은 아실런지요

# 흰 접시꽃

세모시 하얀 적삼 살포시 다려 입고
무심히 떠난 임이 행여나 오실까봐
먼 산만 지켜보면서 한숨짓든 어머니

접시꽃 당신이란 그 말에 설레이며
희망 끈 불끈 쥐고 들숨 드려 마시다
파르르 떠는 앞섶에 눈물짓든 어머니

풀 빠진 모시적삼 시들어 지기 전에
바람결 빌미삼아 옷섶을 펄럭이다
무거운 침묵 속으로 떨어져간 어머니

# 검은 꽃

두고 온 남쪽나라 그리운 부모형제
심장에 찔러 넣고 잊은 듯 살았는데
검둥아, 부르는 소리에 가슴이 무너진다

시린 손 호호 불며 그물질 하던 겨울
봄 오면 나에게도 꽃 필줄 알았건만
검둥이 꽃대에서야 무슨 꽃이 피겠는가

제비꽃 여린 꽃잎 파르르 떠는 오후
바람센 군산항에 내리는 보슬비가
검은 뺨 두볼 아래로 주르르 흘러내린다

# 잊혀 지리라

해 설핏한 석양
현재라는 시간 속에 쉼표 하나 찍어놓고
파란 하늘에 촉수 꽂아 가을을 흡입한다
빨려오는 건
먼 시간의 뒤편에서 솟아나는 눈물 한 줄기
스치듯 지나버린 하루가 쉼표에 머무르지 않는다
저 붉은 해 지고 나면
태양 없는 하늘에 별이 뜨겠지
누군가는 또 가슴 설레며 별을 헤고
따스했던 태양은 잊혀 지리라

붉은 노을 사라지고 어둠 깔리니
소슬바람 파고들어 더욱 시리다

## 새 아침의 기도

금년 한해에는
하나님과 사람 사이에 막힌 담 헐리고
이 나라와 민족의 한 인 삼팔선 무너져
사람과 사람 사이에도 화해의 강물 넘치고
용서와 배려로 빚은 웃음 꽃 만발하게 하시옵소서

이 민족 모두
흐릴 때나 개일 때나 빛 되신 주님 바라봄으로
옹졸한 가슴에 선한 갈망들이 솟아올라
더 많이 사랑할 수 있는 열망의 불꽃을 지펴주소서

조용히 주님 말씀에 귀 기울일 여백과
말씀 앞에 내 뜻 접고 순종할 능력을 주시고
자유와 방종을 혼돈하지 않을 지혜와
실수와 수치를 감추지 않을 용기를 주시옵소서

이 한해가
내 생의 마지막해가 된다 해도
순례자의 길섶에 핀 풀꽃 하나에
고운 시선과 찬사를 주고
시원한 물 조리를 손에 쥘 여유를 주옵소서

내 삶의 여정 속에 그 어떤 해보다
조건 없이 사랑한 아름다운 추억이
진주처럼 영롱한 기억으로 남아
박진감 있는 삶의 향기 진동하게 하옵소서

지난해 힘들었던 일들을
역사의 뒤 안으로 접어들이고
밝게 솟아오를 태양을 기대하며
동으로 트인 창가에 살며시 무릎 꿇은
종의 기도를 주여 들어주시옵소서

## 합류의 의미

오직 한 길
그 한곳으로만 마음 흐름길을 다듬어 왔기에
세찬파도 회리바람 넘나들어도 솟는 샘 여울은 맑았습니다

내가 처음 열릴 때
복사 빛 수줍음 가득 번질 때
어느 천길 벼랑에서 떨어진 듯
뻐근한 상처의 아픔이
곧은 길 닦으며 같이 가자던
노래 같은 속삭임에 가셨습니다

작으나 긴 여울에 잔물결 많든
자갈길 소립 길은 흘려보내고
두 줄기 합류의 진정한 의미를
하나 둘 손꼽아 헤어가며
무지갯빛 행복을 수놓아 누비자는
당신의 손잡고 어엿이 나서렵니다

- 1973년 1월 19일 신혼 초에

# 시체들 앞에서

잿빛 하늘에서 빗방울이 떨어진다
동향 창가에서 해님을 사모해온 다육이 들에게
단비 보약과 해님의 환상적 궁합을 맞춰주려고
후들거리는 다리를 곧추세워가며
다육이 화분들을 옥상으로 옮겼다

겨우내 말라진 다육들의 잎을 정리하다가
문득 이들도 지난해 이쯤엔 사랑받은
새잎이었다는 생각에 슬며시 가슴 빗장이 열린다

시들어가는 형을 모습을 보며 아우 잎은 뭐라 했을까
새순 새잎들이야 철없이 살기에만 급급했겠지만
최소한 아래 위 잎들이야
서로의 헤어짐이 아픔이었기에
떨어지지 못하고 붙어 있겠지

싱싱한 잎 하나만 땅에 떨어져도
뿌리내려 번식하는 생명력인데
삶의 애착인들 오죽했으랴

탁한 실내공기 정화시켜주고 기쁨 주었던
다육이들의 시체 앞에서
내가 먼저 만상에 흠뻑 젖는 비를 맞아버렸다

## 노파의 고백

당신이 꼭 계셔야 한다고 생각하지 않았습니다
고통스러워하는 모습을 볼 때면 가끔
차라리 고통 없는 곳으로 가시는 것이
서로에게 좋을 듯싶었습니다

당신과 반세기 가까이 살아오면서
당신만 날 사랑하는 줄 알았지
내가 이토록 당신을 사랑하는 줄은 몰랐었습니다

당신이 떠나고 난 후에야
당신이 기뻐하셨을 말 한마디
가슴 깊은 곳에서 솟구치는데
들어줄 이 없으니 하지 못한 채
더 깊이깊이 삼켜버렸습니다

당신은 내게로 오는 길을 모르지만
나는 당신께로 가는 길을 알고 있으니
한 발 한 발 당신 향해가는 길목에
고운 흔적 남기며 가겠습니다

그리고 당신 앞에서는 그날
설만히 하지 못하고 삼켜버린 그 말
"나도 당신을 사랑했노라"고 고백하겠습니다

# 가슴 찢긴 오후

바람난 것들에 지쳐
턱 괴고 앉아 앞산을 본다

산중턱 붉게 물든걸 보니
칠칠찮은 봄 아가씨가 경수 흘렸나 보다
앞집 울타리에 노랑저고리 벗어던지고
연초록 치마 펄럭이며
천방지축 온천지 다닐 때 알아봤다

문틈사이로 연록의 치맛바람 들어와
고향집에 두고 떠나온 유년의 꿈이 스며드는데
봄바람 조심하라 시든 어머니는 없다
가슴 마구 콩닥거려도 제재할 사람 없으련만
파뿌리 같은 머리카락이 부끄럽단다

해묵은 꿈들을 가두고
봄의 환각에서 빠져나올 통로를 찾다가
화사한 벚꽃 가지에 걸려 가슴 찢겨진 오후
해는 이미 서산에 기울고
너 또한 오래 머물진 못하리니
고요히 커튼을 내린다

## 세월

온천지가 하얗게 덮여가는 밤
세월이 빼앗아간 청춘의 뒤 안에서 바람이 불어온다

흐드러진 꽃바람도 아닌 것이
절음발이 기억들을 일깨워
나는 또 이 한밤을 조각내고 말았다

하루하루의 강을 건널 때마다
손 내밀고 다가오는 환영들은
아직도 볼 붉고 눈빛고운 소년 소녀인데
잠을 청하며 뒤척이는 둔탁함이 서럽다

시간은 지금도 세월을 만드는데
다시 돌이킬 수 없는
옛길로 향하는 마음은 편급하고
푸르던 생의 파편은 따갑기만 하다

절망의 나락에도 꽃은 피고
서산에 지는 해도 곱지 않던가
향유 못할 옛것에 치심치 말고
소중한 오늘 하루를 품으리라
마음 다잡고 일어서는 다리가 후둘거린다

# 세월 밖으로

세월이 약이라지만
고치는 약이 아니라
시나브로 골을 파고 지나가는
마약인가 봅니다

그가 스쳐가자
곱던 얼굴은
모래 위의 파도 자국처럼 골이 패이고
곧던 허리는 구부러집니다

그가 돌리는 수레를 역행할 수 없다기에
해작질할 여유 없이 살았건만
거울 앞에 설 때면
나는 없고 펑퍼짐한 할망구가 뒤뚱거립니다

나를 잃어버리고
허한 가슴 부여 안고 돌아서서
세월 밖의 먼 나라에 계신 당신을 향하여
유배시켰던 그리움 한 줄기 끌어다 허공에 띄웁니다

## 부끄러워

생명의 화덕에 불 꺼뜨린 죄인이
저 별빛 따라가면 그가 있을까
저 광활한 은하계 어디쯤에 그가 있을까
사고의 늪에서 회로를 잃고 밤새워 포배기한 새벽
잔설이 혼곤한 땅에서 솟아오른 수선화를 보았다
도둑고양이 발톱 같은 찬 서리에도
시샘하는 동장군 세찬 뒷발질에도
다소곳이 꿈을 키우는 한 포기 풀이 부끄러워 허공을 본다

태양은 오늘도 힘차게 솟아오르고
처녀의 옷고름을 동여매도 봄은 오는데
또 다른 삶을 향하여
영원으로 떠난 그는 돌아올 길 없으니
비록 내 웃음에 쓸쓸함이 묻어있을지라도
이제는 웃자

그리고 회한과 애증으로 얼룩진 뜰에도
한 송이 수선화를 피우자
노랗게 피어나는 수선화를 보면서
내 아픔과 슬픔도 수선하리라
남은 삶 순수도를 높여
그 앞에 서는 날 부끄럽지 않도록

# 가을 환각

누워 가을 한 자락 깔고 뭉개는 오후
낡은 태엽 느슨히 풀어 되돌린다
어머니가 계신 장수 골 고향집 마루
댕댕이 소쿠리에 김 모락모락 나는 밥풀 묻은 고구마
아이가 주워온 알밤
침 흘리며 쳐다보는 토담 옆의 황구
사랑채에서 들리는 헛기침소리에
언년이는 행주치마 끈을 조이고
키보다 높은 살강위의 그릇을 내려
달그락 달그락 밥상을 차리는데
쇠죽솥에 불 붙여야 할 영구는
아직도 소 풀만 뜯기고 있나 보다

봉숭아꽃을 이겨 손톱위에 놓고
아주까리 이파리로 싸맨 채
내 생명의 줄기 젖무덤에 얼굴을 묻고
어머니 냄새에 코 벌렁거리는데
"할머니" 하며 달려와 품에 앉기는 손녀가
해묵은 유회에서 나를 꺼낸다

몽롱한 가을 환각에서 깨어보니
어느새 하루치의 노을도 떠나고
검붉은 하늘에 하나 둘 별이 뜬다

# 가을 편지 · 1

두툼한 편지를 펴면
노란 은행잎과 붉은 단풍잎이 박제되어 있었지

낙엽이 실고와 쏟아놓은
고독한 메시지에 마음을 열면
와르르 쏟아져 버릴 것 같은
감정의 소용돌이가 무서워
마음 닫고 살아온 세월이 오십년을 지났건만
단풍지는 가을이 되면 가끔씩 울컥 증이 살아난다

곱디고운 단풍잎도 떨어지면 낙엽인데
생명줄 붙어 있어도
곱지 못한 내 모습이 어찌 아름다우랴만
늙지 않는 가슴이 이제야 열릴듯한데
시월 초승달 아래 휘파람불며
가을을 노래하던 얼굴 없는 형상이
가을만 되면 어이하여 편지처럼 날아드는 고

빨강 그물망 속에서 전해지는 봉투는
모두 고지서뿐인데
가을 편지는 오늘도 세월의 개울 저 건너편에서
낙엽과 함께 날아와 가슴을 헤집는다

# 가을 편지 · 2

떨어지는 낙엽 맞으며
갈바람 앞세우고 가을 길을 걷는다

낮은 산비탈
상수리 떠나고 떨어진 빈집 밟아
우지직 깨어지는 소리 들으며
그저 걷는다

서산에 해는 걸리고 어둠 찾아드는데
붉디붉은 노을은
젊은 날의 추억을 싣고 오는 황혼의 마차

마차 안에서
반세기 전에 쓰다가 접어둔
가을 편지가 떨어진다

푸른 옷만 자랑하던 은행나무가
싫다고 벗어버린 노란 이파리 하나 넣어
주소 없는 편지를 쓰는데
이 한 밤을 새워도 좋을 것 같다

## 할미꽃

새빨간 속사랑은 안으로 감추고
수줍어 숙인고개 그 누가 알아줄까
봄처녀 풋가슴
이 무덤가를 맴도는구려

붉은 꽃 지고서야 부끄럼 없이
젊은 날 숙인 허리 늙어서 곧추 펴고
파란 하늘 향해 마음껏 흰머리 펄럭이다
후손들 멀리멀리 날려보내며
숙이고 살아온 삶이기에 부끄럽지 않았으니
너희도 겸손히 살라고 부탁하누나

# 다육이

끊임없이 태양만 바라보는 절개력
굶주림 속에서도 살아남는 생명력
생명수도 많으면 거부하는 절제력
떨어진 잎에도 뿌리내리는 번식력
한 줌의 흙에서도 꽃피우는 화개력
창조주의 섭리에 따라주는 순응력
배신하지 않고 가꾸는 대로 자라는 정직력
낮이면 인간들이 뿜어낸 공해들에 입 막고 있다가
밤이면 입 열어 산소를 공급해주는 배려력

너 비록 영혼 없는 풀이라 할지라도
너에게서 사막의 열기를 이기는
인내와 끈기
아우름과 조화를 배우고
섭리의 순응을 배우니
너는 나의 스승이라
내 어찌 너를 사랑하지 않을 수 있으랴

# 가을 고백

살랑대는 가을바람 따라 은혜의 동산에 왔다
바위틈 사이로 폭포수 쏟아지고
돌들 위로 돌돌돌 흐르는 맑은 물소리
심심산골에 해 기울자 솔숲 사이 하늘에 별이 총총하다
자식 없는 서러운 석녀를 향하여 네 미래를 보고 싶거든
하늘의 뭇 별들을 보라시던 임은
누구를 위해 저 별을 만드셨을까

반세기를 훌쩍 넘게 살아왔으나
나는 사랑하는 임의 뜻을 얼마나 이루었는가
뒤돌아보면
짧은 듯 긴 세월이 흘렀는데
삶의 순간순간 임을 잊었으니
만나도 알아보지 못하고 스쳐 가실까 두렵습니다

몸은 늙어도 영혼은 늙지 않으니
훗날 육체 밖에서 임 뵈올 때를 위하여
내 사상의 숲에 둥지 튼 새들이랑 날려 버리리라

나도 임처럼 서른 세 살의 젊은 여인이 되어
살포시 임의 품에 안겨 별들의 비밀을 들어보리라
내 사랑을 살며시 고백해보리라

# 시월 사랑

화사했던 봄날의 추억이 숨 쉬는 언덕에
고요한 한숨이 흐릅니다
바위틈에서 자라 근근이 맺은 꽃망울 피우기 전에
된서리 맞아버린 구절초 애상을
선머슴아 같은 당신이
마구잡이로 흔들어버렸기 때문입니다
당신이 오면 영근 사랑 몇 줌쯤 거둘 줄 알았는데
텅 빈 가슴에 찬바람만 스미고
'피에로'의 슬픈 노래 `가락처럼
오동잎만 우수수 떨어집니다
낙엽에 수취인 없는 편지를 써서
파란 창공에 띄우면
어느 모퉁이에 숨어 있다가
불쑥 돌아올 것만 같은 사람을 향해
흰머리 펄럭이며 다가가고 싶어집니다
잊은 줄 알았던 기억의 뒷문을 열어버린 당신
그래도 난 존재의 끝날까지
당신을 사랑할 수밖에 없습니다

시월, 내 사랑하는 당신이여!
오는 듯 가 버리는 야속한 당신이여!

## 크리스천연합신문에게!

- 크리스천연합신문 15주년 축시

기도의 응답으로 잉태되어
한줄기 빛으로 태어난 크리스천 연합신문이여!
식성 까다로워 구리거나 비린 것 배제하고
자양분 없는 언어의 유희까지 버려 아름다우이

십 오년이라는 세월 속에 새겨진 그대
때로는 절망의 나락에 선 자와 같이 울었고
때로는 보람과 기쁨으로 파르르 떨었으리

이정표 없는 길을 나선 열다섯 소년인 그대
아직은 채찍과 꾸지람이 필요하고
격려와 추임새도 있어야 하겠기에
오늘 이곳에 사랑하는 이들이 모여 축복하노라

그대 생명의 시여자의 뜻에 영합하여 나갈 때
우렁찬 팡파르 없을지라도
진리를 사수하려는 몸부림이 빚어낸 실존적 지혜로
생명의 화덕엔 불붙고 세상 밝아지리니
세상에 피고 지는 꽃들의 밀어를 찾아 유추하는
그대의 튼튼한 원칙 불변하리라

이제 그대 뼈 튼튼해지고
새날의 화두 밝았으니

세계만방을 향하여 생명의 씨 들고
분연히 일어나기 원하노라

그대 만나기 사모하며 기다리는 얼굴에 빙그레 웃음 주고
이 모습 지켜보시는 주님도 웃으실 수 있도록
힘껏 솟아올라 나팔을 불라
그대 얇은 몸으로 세상을 감싸 일으켜 세우라
주님 오시는 그날까지

# 홀연히

당신이 밤을 기다린 것은
포근한 휴식을 위함이 아니었으며
당신이 아침을 기다린 것은
찬란한 하루의 삶을 위한 것이 아니었네요

밤이면 언제나 날이 밝아
이 아픔을 하소연 할 수 있을까
낮이면 언제나 밤이 되어 잠들므로
이 고통에서 벗어나 볼까

이런 나날이 반복되는 동안
당신의 생이 점점 기울었건만
나는 왜 당신이 떠날 줄을 몰랐을까요

입버릇처럼 자는 듯 가고 싶다든
당신의 바램이 현실이 된 새벽에야
당신의 아픔이 죽을 만큼 고통스러웠음을 알았으나
당신은 이미 고통을 벗어난 후였습니다

당신과 살아온 반세기가
인고의 세월만은 아니었는데
나란히 누워 도란거린 그 밤이
마지막이 될 줄을 어이 알았으리요

조금만 더 따뜻했더라면
조금만 더 다감했더라면
조금만 더 조금만 더…
당신은 아픔을 돌파하고 안식에 들었는데
이리도 가슴이 아리는 것은 남은 자의 몫입니까

나도 머지않아 당신 곁에 가겠지만
내가 살아 숨 쉬는 동안
세월이라는 약을 얼마나 먹어야
이 회한의 회오리를 벗어날 수 있을까요

곁에서 잠자는 나를 깨우지도 않고
홀연히 떠나버린 당신,
나도 그렇게 가고만 싶습니다

# 여자 목사의 길

주님께서 좁은 길로 가라 하시어
좁은 길로 들어섰습니다
비단길 꽃길이야 아님을 알고 나섰으나
살얼음 길, 도마 위의 길임을 어찌 알았으리요
질병을 고치고 죽은 자를 살리시면
귀신을 힘입었다하고
진리를 말씀하면
신성모독이라 난도질당하시면서
가장 좁은 길로 세상에 오셔서
가장 좁은 길의 삶을 사시다가
가장 좁은 길로 떠나신 주님을 바라보고
묵묵히 주님만 부릅니다

오늘도 여자가 무슨 목사냐고
무시하고 조롱함을 당해도
나를 쓰시는 분이 임이시기에
때로는 밤새워 주님을 부르고
때로는 밤새워 말씀을 연구합니다
세상이 뭐라 하든 내가가는 이 길이
주님 계신 천성으로 이어지는 길임을 알기에
임 계신 천국만 바라보고 기도하며 갑니다

한평생 살아도 시어머니 많은 시집살이
그러나 이 길이 살리는 길이기에,
주임께서 언제나 지켜보는 길이기에
와스디처럼 버려지지 않고
에스더처럼 민족을 살릴 수 있기를 간구하며
나를 버리고 죽으면 죽으리라 다짐하며 갑니다

# 김원춘 목사임 고희에 바칩니다

존경하는 목사임!
마음은 아직 골목대장이실 텐데
흰머리 나부끼는 고희가 되셨네요
주임을 영접하신 후 반세기 길에
얼룩진 흔적들도 많으셨겠지요
그러나 그 아픔과 고통으로 다듬어진 임의 오늘이
어찌 그리 포근하고 아름다우신지
천리 길을 기쁨으로 달려오게 하셨나이다
목사님께서는
총알이 빗발치던 베트남의 정글 속에 흘린 피로
이 나라의 경제를 살리셨고
예수 그리스도의 흔적을 가지셨으며
전국 방방곡곡에 말씀을 선포하여
이 땅의 영혼들을 살리셨습니다
그러나 때로는
어둑한 골목길에서 만난 자화상과의 싸움으로
다시 한 번 허리띠 동여매실 때
사십 년 세월의 동반자이신
김춘분 사모님의 따스한 격려로
우분투하시며 오늘에 이르셨겠지요
이제는 총회의 어른으로 후배들을 격려하고 가르치시며
지역사회의 영적지도자로 이웃을 위하여 기도하시고
한국복음화 운동본부의 중대한 중역으로

예비된 말씀 듣고 전 세계를 향하여
힘차게 나가실 줄 믿습니다

존경하는 목사님!
소리 소문도 없이 71층으로 이사하셨다구요
새집이라 좋으십니까
너무 기뻐 뛰지는 말아주세요
바로 아래층에 제가 살고 있거든요
손자 손녀들이 찾아올 때는 봐드리겠습니다
그때는 같이 뛰고 같이 웃으시며 맘껏 행복하세요
그리고 혹시 제가 잠을 잊은 깊은 밤
오늘 빛을 보게 된 목사님의 시집 읽다가
가만히 귀 기울이면
위층에서 들리는 두 분의 다정하신 도란거림에
빙그레 웃음 번질 수 있도록 행복하세요

존경하는 목사님!
주님 손잡고 팔순을 향해 가시는 길에
감사와 찬양이 넘치시기를 원하오며
목사님의 팔순에도 다시 이 자리에서서
아름다우신 목사님의 십년 흔적을 읊조리고 싶은
작은 바램으로 이 글을 올립니다
부디 강령하시고 행복하소서

# 여자이고 싶었구나

딸아이가 봉숭아물이라며
자줏빛 반죽을 가져다 손톱 위에 놓는다
봉숭아물은 무슨 엄동설한에
과거로 흘러간 내 영상의 숲엔
봉숭아꽃을 짓이겨 손톱에 얹고
피마자 잎으로 감싼 채 하룻밤을 꼬박 지낸 후에야
콩닥거리는 가슴으로 풀었었는데
잠시 장독대 옆의 봉숭아꽃을 따기도 전에
반죽이 말랐다며 손을 씻기더니
투명한 매니큐어를 발라준다
반짝 반짝 빛나는 붉은 손톱
아, 내게도 이런 손톱이 있었구나
유년의 언덕에서
더벅머리 머슴아의 고백을 들을 땐 물어뜯기도 했고
젊은 날 갑자기 외출이라도 할 때면
락스 묻은 몽당치솔에 벅벅 문지르기도 했고
깎을 여가 없이 닳아져 존재감을 몰랐었는데…

쭈글쭈글 거리는 손등 뭉텅한 마디 아래서
너는 아직도 살아 여자이고 싶었구나

# 원로라는 자리에 들며!

살아계신 하나님 나의 아버지, 나의 임이시여!
임은 내 삶의 전부이시며 내 존재의 이유십니다

들망아지처럼 천방지축 살았던 나를
십 남매의 맏며느리의 위치로 옮기시고
생활력 없는 남편, 자식 낳지 못하는 아내라는
채찍으로 때리실 때
흐느끼는 내 곁에서 임도 같이 울고 계셨음을
훗날에야 알았습니다

또 암이라는 병마에게 두 유방을 모두 빼앗기고
여자로서의 모든 소망을 잃어 절망의 나락으로 추락했을 때
감싸 않아 다독이며 품어주시고
임의 나라를 보여 주심으로
삶의 가치관을 변화시켜 살 수 있게 해 주셨습니다

깨진 항아리에 어찌 물을 채우며
쓰러진 고목이 어찌 새순을 내리오만은
내님의 손길이 닿자 깨진 항아리가 보수되고
썩어 없어질 고목이 소성하여 열매를 맺어
주신 열매들이 아름답게 성장되었습니다

이 부족하고 못난 것이 무엇이기에
이 크신 은혜를 주시고 써 주시는지요
세 번의 개척을 통해 "희로애락"을 같이 했던 영혼들
그들의 영혼을 임의 나라에서도 만날 수 있기를
내 사랑하는 임께 간구하며 지샌 밤들이 아름다웠습니다

"한빛"이라는 이름으로 개척한 세 번째 교회가
열여덟 살의 소년이 되자 이제 종이 늙어
말씀의 생수가 강을 이룬 금강에 한빛을 더하여
"꿈대로 되는 교회"를 이루어 주신님께 영광을 드립니다

이제 두 줄기의 작은 시내를 합류시켜 주시었으니
그 어떤 불수와 탁류라도 하나둘 품에 안고 맑은 물로 씻길
거룩한 꿈을 품은 사랑하는 성도들의 가슴에
그 꿈들이 이루어져 환희의 찬송이 넘치게 해주시옵기를 원하나이다

사랑하는 나의 하나님이시여!
썩어가든 고목, 허무로 사라질 것을 소성시켜 써주셨으니
무익한 종에게 어찌 퇴임이 있으리요

다만 한 발 물러나 더욱 열심히 밀어드리고 섬기며
지난 날 내게 주셨던 더 큰 소망의 성취를 위해 기도하고
그 언약의 성취가 이루어지는 날
그 땅에서의 십오 년의 삶이
종의 인생 전체를 털어 가장 아름답고 향기롭기를 원하나이다

그리고 이 소망이 무뎌지지 않을 것을 믿는 것은
지난 날 나의 절망이 나를 지켜보신 임에게는 새로운 소망이었고
나의 끝이 임에게는 새로운 시작이었기 때문입니다

이 마지막 십 오년의 사명 다하는 날
고요히 찬양하며 사랑하는 임의 품에 영원히 안기기를 소망합니다
그 아름답던 내님의 나라에서 임과 함께 살 새 삶을 기대합니다

<작품해설>

# 수고한 자의 평온, 그 순응의 다양성

김순진(문학평론가 · 고려대 평생교육원 교수)

<작품해설>

# 수고한 자의 평온, 그 순응의 다양성

김순진(문학평론가 · 고려대 평생교육원 교수)

우양(愚羊) 정명희 시인과 만난 것은 지난 2007년으로 거슬러 올라간다. 그녀가 월간 스토리문학 2007년 2월호로 등단하고 부터다. 그러니까 지금부터 꼭 12년 전이다. 그때 그녀의 프로필을 보면 환갑의 나이로 군산의 한빛교회 담임목사로 재직 중이면서, 나주대학교 항공관광학부에 재학 중인 학생이었다. 그때 나는 깜짝 놀랐다. 환갑의 나이에 공부를 하며 여성의 신분으로 목사가 되어 목회일을 하고 있다는 것이 너무나 존경스러웠다. 그때 등단작은 「시를 쓰는 이유」, 「홍도여」, 「추억의 노래」 등 3편이었는데 당선작 「시를 쓰는 이유」를 조금 인용한다면 "겨울나무처럼 앙상한 내 삶은 / 색칠하지 못한 채 제쳐둔 스케치북이었습니다 / 이제 어떤 색을 칠하며 살까 / 반백의 머리는 염색할 수 있어도 / 육십 고개를 넘어온 삶이야 어찌 칠할 수 있으랴만 / 황혼의 언덕에 행여 봄바람 불면 / 한가지 곱게 키워 알록달록 채색된 낙엽 속에 / 탐스러운 시 몇 알 남겨두고 가렵니다"라면서 황혼의 아름다움을 예고했다. 그때 심사위원들은 조석구 시인, 이진흥 시인, 박건호 시인 등이었는데 심사평에서 "정명희 님이 보내온 시들은 하나같이 지나온 세월을 추스르며 아직도 살아가야할 의미가 충분하고 희망찬 미래가 있음을 암시하는 내용이었다. 이는 문학이 추구하는 궁극적인 목적에 부합되는 내용으로 흔히 나이 든 사람들이 미래를 자포자기하며 사는 경우가 많은데 어떻게 인생을 마무리를 할 것인가에 대한 방법론을 강구하였을 뿐만 아니라 삶에 대한 애착과 함께 의미를 더욱 깊이 전달해준다는 점에서 가산점을 받았다. 특별한 기교 없이 보이는 그대로를 아주 순하고 평이한 시어로 써나가면서도 공감을 주었다는 것은 작가가 그만큼 오랜 습작을 해왔다는 증거다."라고 평하고 있다.

요즘이야 환갑의 나이가 청년처럼 보이긴 하지만 10년 전만 하더라도 환갑이라 하면 곧 지공선사[2]가 될 나이에 대학교를 다니고 등단을 하겠다는 것 자체가 대단한 발상이었다. 그때 환갑의 나이로 무엇 하나 예사로 넘기지 않는 정명희 시인은 스토리문학을 빛낼 재목이라는 찬사를 받았다. 지금은 작고해 하늘의 별이 되셨지만 작사가로 매우 유명한 박건호 시인의 심사를 받는다는 것은 매우 행운이었던 것 같다. 스토리문학에서 주간을 맡아주시던 박건호 시인은 정명희 시인이 등단하던 그해 말에 작고했으니, 정명희 시인 추천 이후 아무도 박건호 시인의 추천을 받은 사람이 없으니 말이다. 시인은 느끼는 사람이기도 하지만 남다르게 바라볼 줄 아는 사람이 좋은 시인이라는 점에 우리는 주목해야한다. 심사평에서 "특히 정명희 님은

2) 지공선사 : 나이가 들어 지하철을 공짜로 타는 사람이라는 뜻

목회를 하는 분으로 알고 있는데 대부분의 목회자들이 종교시에 치중하는 반면 치열한 문학성을 추구하였다"고 평한 바 있는데, 오늘 정명희 시인의 세 번째 시집의 작품해설을 쓰노라니 그때 심사위원들이 정확히 작품세계를 평해주었고, 스토리문학과 인연이 닿을 수 있게 당선작으로 뽑아주신 것에 감사한다. 또한 그때 정명희 시인 스스로가 예고한 대로 '아름다운 노년'은 맞아 떨어졌다. 그녀는 지금 붉게 물든 석양이다. 태양은 중간에 물들지 않는다. 하루일과를 마쳐야만 비로소 석양이 될 수 있다. 그것은 이 땅에 와 할 일을 다 마쳐가는 인간의 머리가 하얗게 물들고, 주름이 생기는 것과 같은 이치다. 석양은 홀로 붉어지지 않는다. 서해바다를 핏빛으로 물들이고, 산등성이를 물들이고, 하늘마저 핏빛으로 물들여놓는다. 말하자면 인생의 석양은 홀로 쓸쓸한 것이 아니라 동행하는 가족과 이웃, 같은 믿음 안의 형제들까지 홍당무처럼 붉게 설렘으로 물들여 모두 행복하게 만드는데, 정명희 시인의 황혼이 그렇게 아름답다.

그녀는 이제 오랜 목회활동을 접고 교회를 떠나 가정으로 돌아왔다. 그리고 그동안 써보지 못한 시와 수필을 쓰며, 그동안 해보지 못한 공부를 하며, 그동안 읽지 못한 책을 마음껏 읽을 수 있는, 또 다른 가나안 땅에 정착한 정명희 시인의 시세계를 들여다보자.

"아줌마들 이리오세요"
늙은이를 아줌마라 해주니 감사히 다가서자
"멀쩡한 분이 장애인표를 냈으니 벌금내세요"
비릿한 군산 사람이

인파에 밀리는 강남터미널 지하철 입구에서
교감 없는 기계 이곳저곳을 눌러보는데
순박한 청년이 다가와
자기 카드로 표를 뽑아주고 돈을 가져갔다
감사한 마음으로 도착했는데
역무원이 다가와 요금의 삼십 배에 해당한 벌금을 내란다
장애인 표를 살 수 있는 카드가 있는지
지갑까지 수색 당했으나
진실은 깡그리 무시당하고 공짜표 이용한 못된 사람이 되었다
울며 겨자 먹기로 벌금을 내고 나오니
삼십 배나 더 큰 배꼽으로 서울의 찬바람이 스며든다
옷깃을 여미며 두런거리는 말
'눈감으면 코 베가는 서울에서 눈감지 않았으니 다행이야'

'편리하고 안전한 시민들의 발…'이라는
지하철 입구의 문구가 낯설게 보인다

– 「다행이야」 부분

이 시는 군산에서 목회를 하던 정명희 시인과 김호연 시인이 그 먼 서울의 고려대학교 평생교육원 시창작과정으로 공부하러 다닐 때의 일화다. 칠순이 가까운 나이에 새벽 세 시에 일어나 머리감고 화장하고 새벽기도 하고 서울행 버스에 몸을 싣는다는 것은 보통 정성으로 보통 열정으로 할 수 없는 일이다. 그렇게 공부해서 오늘의 시인이 된 것이다. 나는 지금도 가끔 학생들이 수업시간에 늦게 들어올 때면 군산에서 서울까지 공부하러 다닌 정명희 시인의 일화를

강의실에서 자주 이야기하곤 한다. 이 시는 그때 서툰 솜씨로 낯선 길을 찾아오다보니 사소한 사기를 당해 난처했던 이야기를 쓴 시다. 지금도 고려대 시창작과정에는 전국에서 나이 지긋한 학생들이 공부를 하러 온다. 그동안 많은 분들이 부산, 통영, 창원, 영주, 군산, 안산, 영월, 춘천, 연천 등지에서 새벽에 일어나 고려대 본교까지 다녔다. 그것은 열정이다. 이 세상에 가장 게으른 것은 눈이다. 그 많은 것을 언제 다하느냐 생각한다면 포기해야 하는 것이고, 많고 적음을 생각지 않고 당장 일을 시작한다면 끝낼 수 있다. 공부도 그런 것이다. 얼마만큼의 성과를 낼 것인가에 대한 목적보다 함께 가다보면 즐거운 것이 인생이라는 동행을 생각하다보면 성과도 나게 된다. 그렇게 수고를 통해 세 번째 시집을 내는 정명희 시인께 박수를 보내드린다.

주유소에 들렀다
석유 경유 휘발유 난방유
그리고 조금 떨어진 곳에 가스충전소도 있다

나도 이런 주유소 하나 갖고 싶다
절망으로 멈추려는 차에 소망의 기름을
불만으로 투덜대는 차에 감사의 기름을
과속으로 달리려는 차에 절제의 기름을
미움으로 덜컥대는 차에 사랑의 기름을
의심으로 헤매는 차량엔 믿음의 기름을 부어줄 수 있는
그런 주유소 하나 갖고 싶다

주유구를 열어주는 차마다
"얼마 값이요" 묻지 않고

가득가득 채워줄 수 있는
사랑주유소 하나 사고 싶다

필요한 양만큼 마음껏 채워갈 수 있는
셀프주유소도 좋으리

– 「사랑주유소」 전문

시인의 말씀처럼 '사랑주유소'가 있었으면 좋겠다. 시인의 말씀처럼 "절망으로 멈추려는 차에 소망의 기름을 / 불만으로 투덜대는 차에 감사의 기름을 / 과속으로 달리려는 차에 절제의 기름을 / 미움으로 덜컥대는 차에 사랑의 기름을 / 의심으로 헤매는 차량엔 믿음의 기름을" 부어줄 수 있는 주유소가 있다면 얼마나 좋을까? 그런 가스충전소나 배터리충전소가 있다면 얼마나 좋을까? 그런데 그런 주유소와 충전소가 있다. 바로 예배당이다. 하나님의 성전이다. 그곳에 가면 하나님은 "절망으로 멈추려는 차에 소망의 기름을 / 불만으로 투덜대는 차에 감사의 기름을 / 과속으로 달리려는 차에 절제의 기름을 / 미움으로 덜컥대는 차에 사랑의 기름을 / 의심으로 헤매는 차량엔 믿음의 기름을" 부어주신다. 그런데 우리는 그걸 모르고 절망하고, 투덜대며, 미워하고, 의심한다. 그런 죄는 모두 스스로가 뒤집어써서 결국 자신의 차가 정차하게 된다. 요즘 정부에서는 탈원전을 외치면서 태양열발전소를 곳곳에 세우고 있다. 산등성이에도 바다나 호수 위에도, 그리고 지붕마다 태양광패널을 설치해 효과를 보고 있다. 나도 내 마음의 차에 주님광패널을 설치하고 싶다. 그러면 주님께서는 절망을 태워 소망을 발전해주시고, 불만을 태워 감사를 발전해주시고, 과속을 태워 절제를 발전해주시고, 미움을 태워 사랑을 발전해주시며, 의심을 태워 믿음을 발전해주실 것 같다.

정월이라 대보름 윷놀이 판에
활짝 핀 웃음꽃 월담을 한다
복날도 아닌데 개를 잡아대고
잔칫날도 아닌데 돼지를 잡더니
말 한 마리 엎드려 양을 불러서
평안히 가운데 방에 앉은 녀석이
코앞에 석동사니를 날름대다가
뒤뚱거리는 돼지 뒷발에 걸려 낙동강 오리알 됐다
옳거니 두 놈이나 업었으니
무거워서 못가겠다 뒷걸음질했는데 대박이라
박장대소하며 승리의 쾌거를 부르는데
다시 모 걸로 잡혀 와르르 도루묵 되었다

한 뼘 남짓 종이 한 장의 전쟁터에
허허 그것 참, 요것 봐라, 등
웃음과 해학의 묘미와 세상만사가 뛴다

– 「모야」 전문

이제 한 달 후면 설날이 돌아온다. 동양은 양력과 음력을 함께 쓰고 있어 좋기도 하고 불편하기도 하다. 양력 1월 1일을 즈음하여 해가 바뀌는 시점이므로 모두들 문자나 카카오톡 등 SNS와 카페, 블로그, 페이스북, 밴드 등 인터넷공간을 이용하여 "새해 복 많이 받으세요"라는 인사를 수없이 하게 된다. 그리고 불과 한 달 후에 또다시 구정이라는 설날을 맞이하면서 "또 새해 복 많이 받으세요"라는 인사를 해야만 한다. 인사야 백번 해도 좋겠지만 두 번 다 똑같은 인사를 해야 하니 양력 1월 1일에는 "새해 복 많이 받으세요."라는 멘트를 쓴다면 음력 1월 1일에는 그 말은 쓰지 말고 각자에 맞는 덕담을 하는 것이 맞다고 본다. "건강하시고 오래사세요"라든지, "낳아주시고 길러주셔서 고맙습니다." "장수하세요." "부자되세요." 등의 덕담 말이다. 정부에서 계도해주었으면 하는 심정이다. 요즘 아이들은 헤어질 때면 무조건 "안녕히 계세요." 라고 인사를 한다. 그 장소가 길바닥이든, 전철 안이든 상관이 없다. 부모로부터 인사법을 배우지 못한 탓이다.

각설하고, 윷놀이는 오랫동안 전해져 내려오는 설날의 가족놀이다. 집집마다 윷판이 벌어지면 웃음소리가 담을 넘게 마련이다. 정명희 시인의 시에서처럼 "복날도 아닌데 개를 잡아대고 / 잔칫날도 아닌데 돼지를 잡"기도 하고 "코앞의석동사니를 날름대다가 / 뒤뚱거리는 돼지 뒷발에 걸려 낙동강 오리알"이 되면 온 집안은 "박장대소하며 승리의 쾌거를 부르"며 들썩들썩하게 된다. 죽은 나뭇가지 네 개를 던지는 놀이지만, 그 안에는 인생이 희노애락이 모두 존재하고, 협동과 합심이라는 가정의 예도와 지략과 인내라는 전쟁터의 술수가 존재하는 인생의 축소판이다. 윷가락의 호칭도 참 재미있다. 도는 돼지[豚], 개는 개[犬], 걸은 양(羊), 윷은 소[牛], 모는 말[馬]을 가리킨다. 인간에게 가장 가깝고 귀한 동물들을 등장시킨 것 또한 농경사회를 이루며 살아온 조상들의 지혜라 할 수 있겠다. 요즘의 윷놀이는 단순히 정초에 하는 오락에 불과하지만 옛날에는 농민들이 농사의 풍년과 흉년을 점치려는 농경

사회의 풍습이었다고 전해진다.

세모시 하얀 적삼 살포시 다려 입고
무심히 떠난 임이 행여나 오실까봐
먼 산만 지켜보면서 한숨짓든 어머니

접시꽃 당신이란 그 말에 설레이며
희망 끈 불끈 쥐고 들숨 드려 마시다
파르르 떠는 앞섶에 눈물짓든 어머니

풀 빠진 모시적삼 시들어 지기 전에
바람결 빌미삼아 옷섶을 펄럭이다
무거운 침묵 속으로 떨어져간 어머니

－ 「흰 접시꽃」 전문

절창의 시조다. 정명희 시인의 이 시집에는 여러 수의 시조가 보인다. 위에서 인용한 시조 「흰 접시꽃」을 비롯하여 「백목련」, 「가는 봄」, 「봄비」, 「매화의 꿈」, 「여인아」, 「분매」, 「검은 꽃」 등이 시조로 쓰여진 작품들이다. 가만히 그 시조들을 읽어보자. 너무나 잘 쓰여진 절창들이다. 하나 같이 제목의 특성을 쓰지 않고 인간과 비유해 효과적으로 은유를 생산해내고 있는 작품들이다. 이 시조는 흰 접시꽃의 이미지를 잘 형상화해 “세모시 하얀 적삼 살포시 다려 입”은 어머니를 그리고 있다. 우리네 어머니의 한을 잘 나타내고 있는 작품이라 하겠다. 고려대 평생교육원 시창작과정 수업 시간에 필자에게 한두 번 시조창작에 관한 수업을 받았을 뿐, 혼자 독학해서 이 정도로 완성도 높은 시조를 쓰는 것은 타고났다고밖에 말할 수 없다. 선천적으로 시인의 기질이 있지 않으면 한두 번 공부해본 경험으로 이정도의 완성도를 가질 수 있겠는가? 도전이란 젊은이들의 전유물이 아니다. 젊은이는 앞으로 가고, 늙은이는 뒤돌아 간다. 집보다 좋은 곳은 새로운 세상이다. 좀 더 시조 공부를 하셔서 신춘문예 시조부문에 응모해보시라고 권해드린다.

세월이 약이라지만
고치는 약이 아니라
시나브로 골을 파고 지나가는
마약인가 봅니다

그가 스쳐가자
곱던 얼굴은
모래 위의 파도 자국처럼 골이 패이고
곧던 허리는 구부러집니다

그가 돌리는 수레를 역행할 수 없다기에
해작질할 여유 없이 살았건만
거울 앞에 설 때면
나는 없고 펑퍼짐한 할망구가 뒤뚱거립니다

나를 잃어버리고
허한 가슴 부여안고 돌아서서
세월 밖의 먼 나라에 계신 당신을 향하여
유배시켰던 그리움 한 줄기 끌어다 허공에 띄웁니다

– 「세월 밖으로」 전문

이 시는 정명희 시인 스스로가 정한 이 시집의 표제시

다. 나는 왜 정명희 시인이 이 시를 표제시로 정했을까에 대하여 곰곰이 생각해보았다. 세월이란 인간의 나이에 걸맞은 시간이다. “10년이면 강산도 변한다.”, “상전벽해가 되었다.”, “세월이 약이다”, “흐르는 세월은 막을 수 없다” 등은 모두 인간의 나이를 묘사하기 위한 세월 안의 시간이다. 테일러는 일찍이 “세월이 우리에게 인내를 가르치는 방식은 참으로 이상하다. 남은 세월이 짧을수록 인내의 능력은 더욱 커지는 것이다”라고 했다. 세월이 얼마 남지 않은 어른들은 초조함이 없다. 순응이라는 진리를 깨달았기 때문이다. 믿는 사람이든 그렇지 아니한 사람이든 하나님 뜻대로 순응하다보면 평안하다는 진리를 긴 시간을 살아오면서 은연 중에 깨달아 실제로는 초조하고 불안해야 할 사람들이 아주 편안한 얼굴이 되어간다. 여기서 정명희 시인의 뜻을 정리해보자. 세월 안이 인간의 세계 또는 지구의 세계라면 세월 밖이란 신의 세계 또는 우주의 세계다. 정명희 시인은 이 시에서 “거울 앞에 설 때면 / 나는 없고 평퍼짐한 할망구가 뒤뚱거립니다”라고 말한다. 여기서 ‘나’는 누구이고 ‘할망구’는 누구인가? 나는 ‘지각하는 나’이고 할망구는 ‘포기하는 나’이다. 즉 ‘나’가 ‘어르신’이라면 ‘할망구’는 ‘노인’이 속한다. 정명희 시인은 이 시집과 함께 출간되는 수필집 『오래 남을 감동』 속의 「늙어간다는 것」 이란 수필에서 ‘노인’과 ‘어르신’에 대하여 이렇게 적고 있다. “노인은 늙은 사람으로 대가 없이 받는 것을 좋아하며, 매사를 자기 기준에 맞추려하고, 배울 것이 없다 생각하여 젊은이들의 일을 간섭하고, 고집을 부리며, 몸과 마음이 세월가면 늙는 것이라고 포기하여 고독하고 외로움을 많이 타는 사람이란다." 이에 반하여 "어르신은 존경 받는 사람으로 베풀어주기를 좋아하고 매사에 젊은 이들의 말을 경청하여 이해와 아량을 베풀고 늘 배우기를 좋아하며 경험에 의존하여 고집 부리지 않고 겸손하여 느긋하게 살면서 다른 사람에게 유익을 주기 위하여 부지런히 일하는 사람이라는 것이다."라 정의한다. 그리하여 "노인의 삶은 상실의 삶이며 게으른 자의 이름이지만 어르신의 삶은 존경받는 자의 삶이며 부지런한자의 애칭이란다." 고 말한다. 따라서 정명희 시인은 노인이 아니라 어르신이다. 왜냐하면 이웃으로부터 존경 받으며, 베풀고, 경청하며, 배우고, 겸손하며, 부지런히 일하는 분이기 때문이다.

누워 가을 한 자락 깔고 뭉개는 오후
낡은 태엽 느슨히 풀어 되돌린다
어머니가 계신 장수 골 고향집 마루
댕댕이 소쿠리에 김 모락모락 나는 밥풀 묻은 고구마
아이가 주워온 알밤
침 흘리며 쳐다보는 토담 옆의 황구
사랑채에서 들리는 헛기침소리에
언년이는 행주치마 끈을 조이고
키보다 높은 살강위의 그릇을 내려
달그락 달그락 밥상을 차리는데
쇠죽솥에 불 붙여야 할 영구는
아직도 소 풀만 뜯기고 있나 보다

봉숭아꽃을 이겨 손톱 위에 놓고
아주까리 이파리로 싸맨 채
내 생명의 줄기 젖무덤에 얼굴을 묻고

어머니 냄새에 코 벌렁거리는데
"할머니" 하며 달려와 품에 앉기는 손녀가
해묵은 유회에서 나를 꺼낸다

몽롱한 가을 환각에서 깨어보니
어느새 하루치의 노을도 떠나고
검붉은 하늘에 하나 둘 별이 뜬다

- 「가을 환각」 전문

우리는 환각상태에 산다. 사랑한다는 말, 사랑받는다는 말은 모두 환각상태에서 받아들인 행복의 언어다. 사람의 얼굴이나 신체에 관하여 찬사되는 "예쁘다. 아름답다. 우아하다. 곱다. 멋있다."는 형용사들은 모두 환각 상태에서 받아들여지는 행복의 언어다. 즉 코가 예쁘다. 눈이 아름답다. 스카프가 우아하다. 립스틱 색상이 곱다. 헤어스타일이 멋있다와 같이 어떤 특정한 부위를 칭찬하는 언어는 그다지 환각적이지 않다. 그런데 통칭의 언어, 즉 "아가씨 예뻐요." "아름다워요, 교수님.", "우아합니다, 사모님.", "고우세요, 할머니.", "멋있어요 여경님."에서처럼 외모나 나이, 분위기 전체를 아우르는 말은 환각을 동반한다. '9월'이나 '10월의 마지막 밤', '낙엽 떨어지는 가을'은 환각적이라기보다 그냥 분위기 있다는 말이 적합할 것 같다. 그렇지만 정명희 시인의 시에서 읽는 '가을'이라는 말에는 환각을 동반한다. "어머니가 계신 장수 골 고향집 마루"가 있고 "댕댕이 소쿠리에 김 모락모락 나는 밥풀 묻은 고구마"가 있고 "아이가 주워온 알밤"이 있고 "침 흘리며 쳐다보는 토담 옆의 황구"가 있고 "사랑채에서 들리는 헛기

침소리에 행주치마 끈을 조이"는 언년이가 있고 "아직도 소 풀만 뜯기고 있"는 영구가 있다는 생각은 환각이 아니고 그 무엇인가? 나도 정명희 시인의 가을로 들어가 다 캐고 간 영호네 고구마밭에서 고구마이삭을 캔다.

이상에서처럼 정명희 시인의 시 몇 수를 읽어보며 그의 시세계를 여행해보았다. 나는 이 시집에서 수고한 자의 평온을 느낀다. 수고한 자의 지혜를 느낀다. 수고한 자는 또다시 수고할 수 있으나, 수고를 모르는 자는 또다시 수고를 자처하지 않는다. 우리가 작가가 되기로 한 이상, 그것도 하나님과의 약속이니 은퇴, 정년, 노인 같은 단절의 언어를 벗어나 부르심을 받는 날까지 쓰는 수밖에 없다.

지금까지 읽어본 정명희 시인의 시세계를 세 가지로 나눈다면, 첫 번째로 순응의 세계라 할 수 있다. 그는 누가 해코지를 해도, 나쁘다고 해도, 사기를 쳐도 내가 부족해서 생긴 탓으로 돌리며 순응한다. 두 번째로 다양성의 세계라 할 수 있다. 왜냐하면 자연이나 사물에 국한하지 않고 내면과 신앙에 이르기까지 다양한 소재를 다루고 있기 때문이다. 세 번째로 완성도가 심화된 시세계라 하겠다. 단순히 기호를 넘어서 문학성이 강조된 시, 수사와 묘사가 잘 어우러져 전문성이 두드러진 그녀의 시세계를 접하면서 어떻게 이런 경지까지 오실 수 있었을까 하는 생각에 그동안의 노고에 박수를 보낸다.

인간은 인생을 정리할 필요도 기다릴 필요도 없다. 그저 평생을 열심히 살아온 것처럼 남은 인생도 열심히 살면 된다. 하나님이 우리를 이 세상에 보내셨던 것처럼 거두어 가실 때까지 더욱 열심히 써주시기를 청해본다.

국립중앙도서관 출판예정도서목록(CIP)

이 도서의 국립중앙도서관 출판예정도서목록(CIP)은 서지정보유통지원시스템 홈페이지(http://seoji.nl.go.kr)와 국가자료공동목록시스템(http://www.nl.go.kr/kolisnet)에서 이용하실 수 있습니다.

(CIP제어번호 : CIP2019000694)

정명희 시집

# 세월 밖으로

초판인쇄일 2019년 1월 10일
초판발행일 2019년 1월 15일

지은이 : 정명희
발행인 : 김순진
편집장 : 전하라
디자인 : 김초롱
펴낸곳 : 문학공원
등 록 : 2004년 3월 9일 제6-706호
주 소 : 우편번호 03382 서울 은평구 통일로 633
녹번오피스텔 501호 스토리문학사
전 화 : 02-2234-1666
팩 스 : 02-2236-1666
홈페이지 : http://cafe.daum.net/yob51
이메일 : 4615562@hanmail.net